Wauters **Das Engel-Orakel**

Ambika Wauters

Das Engel-Orakel

Inspiration und Lebenshilfe

Aus dem Amerikanischen
von Susanne Reichert

KAILASH

KAILASH

Die Originalausgabe erschien unter dem Titel
The Angel Oracle
bei Eddison Sadd Editions Ltd., London.

Bibliografische Information der Deutschen Bibliothek:
Die Deutsche Bibliothek verzeichnet diese Publikation
in der Deutschen Nationalbibliografie; detaillierte
bibliografische Daten sind im Internet über
http://dnb.ddb.de abrufbar.

Boxgestaltung: Die Werkstatt München / Weiss · Zembsch
Umschlaggestaltung: Warren Maddill
Produktion: Ortrud Müller
Satz: Design-Typo-Print GmbH, Ismaning
Druck und Bindung: Hung Hing Offset Printing Co. Ltd., China
Printed in China

ISBN 3-7205-2132-X

INHALT

EINFÜHRUNG

Gesegnet ist das Kind des Lichts,
das seinen Himmelsvater sucht,
denn es wird das ewige Leben haben.
Wer im Geheimnis des Allmächtigen ruht,
wird im Schatten des Allmächtigen wohnen.
Denn er wird dich in die Obhut seiner Engel geben
und dich auf all deinen Wegen bewahren.

EVANGELIUM DER ESSENER*

Seitdem wir auf der Suche nach den Geheimnissen des Lebens und dem Wesen unseres Daseins sind, sind Engel unser Verbindungsglied zur Göttlichen Quelle. Als Repräsentanten von Güte, Reinheit und Licht sind sie auch ein Aspekt unserer Beziehung zur Quelle.

Das Engel-Orakel gibt uns Gelegenheit, uns der Brücke zwischen unserem gewöhnlichen Leben und dem Reich des Göttlichen wieder bewußt zu werden. Es ist das Ergebnis meiner langjährigen Erfahrung, mit Hilfe von I Ging und Runen Hellsichtigkeit und Intuition zu entwickeln. Obwohl die Karten auf alten archetypischen Symbolen basieren, die das Wesen unserer Natur repräsentieren, beinhalten sie auch eine lichtvolle Präsenz, die uns hilft, zu einem wissenden und liebevollen Bewußtsein zu gelangen. Ich habe versucht, aus diesen divinatorischen Eigenschaften ein Orakel zu machen, das einen tiefen und unvergänglichen Sinn für das Selbst anbietet und uns zeigt, wie das Göttliche durch uns wirkt, um Ordnung und Klarheit in unser Leben zu bringen.

Das Engel-Orakel entstand aus einer Neugierde auf Engel und aus einem Gefühl von Wunder und Freude darüber, wie sie unsere physische Realität ergänzen und bei der Entfaltung unseres Lebens mithelfen. Engel gehören seit meiner frühen Kindheit zu meiner Welt, und als mein „Engelsbewußtsein" wiedererwachte, gab es tief in meinem Inneren ein Echo, das mir die Präsenz von Engeln in meinem Leben bestätigte.

Mehrere neue Bücher über Engel haben mich tief bewegt und inspiriert. Das, welches den tiefgehendsten Einfluß auf mich hatte und welches ich in Kapitel 1 beschreibe, war „Die Antwort der Engel" von Gitta Mallasz. Nach der Lektüre dieses Buches zweifelte ich nicht mehr daran, daß Engel keine Hirngespinste sind und auch nicht als New-Age-Schöpfungen abgetan werden dürfen. Die Gewißheit der in diesem Buch beschriebenen jungen Menschen, daß Engel sie führten und beschützten, berührte mich unaussprechlich.

* Zitiert nach Edmond Bordeaux Székely: Das Evangelium der Essener, Bd. 2: Die unbekannten Schriften der Essener, Südergellersen 1995, S. 58. Mit freundlicher Genehmigung des Verlags Bruno Martin.

Nachdem ich ein paar gute Bücher zu diesem Thema gelesen hatte, begann ich, ein Tagebuch darüber zu führen, wie Engel in meinem Leben wirkten. Ich war erschrocken und dann erstaunt über die beständige Flut von Inspiration und Führung, die ich bekam, wann immer ich mich darauf einstimmte. Ich lernte, meinen eigenen Schutzengel von jenen zu unterscheiden, die mich beim Entstehen des Engel-Orakels führten.

Als mein Bewußtsein für Engel sich weiterentwickelte, fielen sie mir überall auf. Sie waren sowohl auf profanen Gebäuden als auch an ihrem angestammten Ort, in alten Kirchen, zu finden. Ich entdeckte sie auf Registrierkassen in einem Naturkostladen und auf dem Titelblatt einer Illustrierten. Ich verwandelte mein Schlafzimmer in ein – wie ich es nannte – „Angelorium" und hängte wunderschöne Bilder von Engeln auf. Engelsbewußtsein wurde eine Vollzeitrealität für mich. Ich begann sogar wieder, Engel zu malen und zu modellieren, jetzt aber mit tiefempfundener Freude. Ich lernte wunderbare, „bewußte" Menschen kennen, die ebenfalls Erfahrungen mit Engeln gemacht hatten. Viele von ihnen sind wirklich liebevoll und freundlich und haben mein Leben zutiefst bereichert.

Ich benutze die Engelskarten als Hilfe in ganz unterschiedlichen Situationen. Vielleicht wünsche ich mir Einsicht in ein Problem, mit dem ich nicht umgehen kann, oder ich will vielleicht wissen, welche Entscheidung mir die größte Freude und das höchste Wohl bringt. Wenn ich die Engel anrufe, bitte ich sie, mir ihre Liebe und Führung durch das Kartenspiel zu offenbaren. Sie bieten mir Unterstützung in meiner Arbeit, meinen Beziehungen und sogar in meinen Finanzen. Sie erinnern mich daran, daß sie, wenn ich mein Ego loslasse, über meine Ängste und Unentschlossenheit hinweg als Stützen und Führer wirken. Ich habe gelernt, darauf zu vertrauen, daß sie mehr wissen, als mein beschränkter Verstand je an Wissen aufnehmen könnte. Durch die Karten offenbaren sie mir Strömungen und Ereignisse, die sich immer genau wie vorhergesagt einstellen.

Engelsbewußtsein nimmt zu, je mehr wir uns öffnen und ihrer Fähigkeit vertrauen, unser Leben glücklicher und freudvoller zu machen. Durch die Hilfe der Engel erkannte ich, wann Zeit zur Entspannung war und Zeit, den Kampf mit dem Schreiben oder irgend etwas anderem aufzugeben. Wo ich gewöhnlich heftige Schuldgefühle bekam, weil ich nicht genug arbeitete, bemerkte ich plötzlich, daß es viel einfacher für mich war, meine Zeit so effizient zu verwalten, daß ich schreiben, studieren, Klienten treffen konnte und immer noch die Gelegenheit zur Freizeit hatte. Engel lehren mich immer, mich bedingungslos zu lieben, so wie sie mich lieben. Diese Liebe geht über alle Beurteilungen meines Selbstwertes oder meines mangelnden Selbstwertgefühls hinaus. Die Engel haben mich sanft und humorvoll angeleitet, mich selbst zu lieben und zu akzeptieren, ganz gleich, was geschieht.

Engel können auch Teil Ihrer Realität werden. Sie brauchen dazu ein offenes Herz und einen nicht aburteilenden Verstand, damit ihre Gnade Ihr Leben erfüllen kann. Wenn Sie sich mit den unterschiedlichen Arten von Engelsführung vertraut machen, die das Engel-Orakel anbietet, werden Sie ihr sanftes, freundliches Wesen und ihre großzügige Führung vielleicht spüren. Sie sind hier, um Ihnen Freude und Unbeschwertheit in Ihrem Leben aufzuzeigen. Sie bieten

Schutz und Trost, wenn Sie sich ausgelaugt oder allein fühlen. Sie sind eine symbolische Schulter, an die Sie sich anlehnen können, wenn Sie niedergeschlagen sind oder schwierige Zeiten durchmachen. Vor allem bringen sie Ihnen die bedingungslose Liebe und das Licht der Quelle.

Es ist meine Hoffnung und meine Absicht, daß Sie, wenn Sie sich mit den Engeln im Engel-Orakel vertraut machen, diese Qualitäten in sich selbst finden können und die Projektion der Engel als Teil Ihrer eigenen Göttlichen Natur anerkennen: kurz, daß Sie Ihre eigenen Engelseigenschaften entdecken. Ich hoffe auch, daß Sie sich mit der Göttlichen Unterstützung wohl fühlen, die zum Finden von Lösungen und Antworten zur Verfügung steht, wonach auch immer Sie im Leben suchen.

Ich glaube, daß die meisten von uns, die ein alltägliches, normales Leben führen, Engel noch nicht direkt erfahren haben. Das heißt aber nicht, daß es sie nicht gibt; ganz im Gegenteil: Sie wirken aktiv in der Gegenwart und warten auf ein Umschwenken unseres Bewußtseins, damit wir das Reich ihrer Existenz berühren können. Es liegt an uns, uns für ihre Schwingung zu öffnen und ihre Liebe in unser Leben einfließen zu lassen. Wir können zu unseren Engeln um Hilfe und Führung beten und ihnen für das Wohl danken, das sie uns bringen. Wir können auch bestimmte Engel darum bitten, uns dabei zu helfen, die Lösungen und Antworten auf unsere speziellen Probleme zu finden.

Ich kenne niemanden, der nicht ein wenig mehr Hilfe in der heutigen unsicheren Welt gebrauchen könnte. Beziehungen sind großen Belastungen ausgesetzt, da wir uns schnell von der Einfachheit entfernen und um mehr Geld, Erfolg, Qualifikationen und so weiter kämpfen. Viele von uns haben den Kontakt zu unseren führenden und beschützenden Engeln verloren. Wir können diesen Kontakt mühelos und ohne weiteres wiederherstellen, wenn wir uns einfach dazu entscheiden, uns dem führenden Licht zu öffnen, das uns freigebig angeboten wurde. Was von uns verlangt wird, ist, unsere alten, eingefahrenen Muster über Leben und Lebensführung abzulegen. Wenn wir ein paar unserer Vorurteile aufgeben, haben wir eine sehr reelle Chance, den Weg für die Engel freizumachen, damit sie in unser Leben treten und unsere Herzen öffnen können. Wir alle haben einen führenden Engel, der über uns wacht und uns beschützt. Und wir haben öfter die Möglichkeit, „hallo" und „danke" zu sagen, als wir meinen. Dieser Engel ist immer für uns da. Hatten Sie schon einmal das Gefühl, daß Sie vor einem schweren Unfall bewahrt wurden oder das Richtige zur richtigen Zeit taten, sogar die richtigen und passenden Worte fanden, um einem Freund in Not beizustehen? All dies kommt durch die Hilfe der Engel.

Vertrauen Sie Ihrem Höheren Selbst, daß es Sie mit den Engeln in Verbindung bringt. Sie können die Engelskarten dazu benutzen, um Antworten auf Fragen zu finden, die Ihr Leben betreffen. Sie können sie auch als Ausgangspunkt benutzen, um die Engel besser kennenzulernen: Sie wollen, daß Sie sie kennenlernen und ihnen vertrauen. Ihnen gegenüber offen zu sein bedeutet, sich wirklich für Ihr eigenes Wohl und Ihre größte Freude zu öffnen. Sie warten darauf, daß Sie sie bewußt erkennen. Sie können jedem von uns die beste Hilfe, den besten Rat, Führung und Schutz anbieten, die wir im Leben vielleicht einmal brauchen. Je mehr Verantwortung wir als Schöpfer des Universums übernehmen, desto mehr helfen uns die Engel dabei, unser Bewußtsein auf eine Ebene anzuheben, die wir als Glückseligkeit kennen. Sie sind hier, um zu uns zu singen und uns dabei zu helfen, unsere Freude hier und jetzt zu finden, in unserem physischen Körper, auf dem Planeten, wo immer wir sein mögen.

Das Engel-Orakel wurde in den letzten Jahren entwickelt. Inspiriert haben mich dazu die Engel, die mir halfen, es für meine eigene Führung und Unterstützung aufzubauen. Ich freue mich, es mit Ihnen zu teilen, und ich bin fest davon überzeugt, daß es Ihnen positive, erleuchtende Möglichkeiten aufzeigt, so daß Sie Ihre Wahrheit leben, Liebe finden und Ihren Weg einfach und unbeschwerlich gehen können.

Erstes Kapitel

ENGEL IN VERGANGENHEIT UND GEGENWART

Die Seele in ihrer höchsten Vollendung ist wie Gott, aber ein Engel vermittelt eine genauere Vorstellung von Ihm. Das ist ein Engel: eine Vorstellung von Gott.

MEISTER ECKHART, PREDIGTEN

Engel stehen dem Göttlichen näher als wir. Wir wissen von ihnen aus den schriftlichen Beschreibungen von lichtvollen, mystischen Erfahrungen anderer Menschen. Sie haben in der dokumentierten Geschichte der Zivilisation Ereignisse markiert, durch die sich gewaltige Umschwünge im menschlichen Bewußtsein ereigneten. Beispielsweise erschienen Engel Männern und Frauen, deren Bestimmung es war, andere zu größerem Bewußtsein und moralischer Verantwortung zu führen.

Es gibt unzählige Bücher darüber, wie die Engel den Juden des Alten Testaments in ihrem Kampf um Freiheit halfen und beistanden. Die hebräische Literatur hat ein unerschütterliches Verständnis für das Wesen der Liebe und Gnade, die die Engel auf die Menschheit übertragen. Im Hebräischen heißen Engel Malach. Die Geschichten von dem Engel, der Abraham erschien, um Isaaks wegen einzugreifen, oder die Engel, die Daniel beistanden und Schadrach, Meschach und Abednego im brennenden, glühenden Ofen zu schützen, gehören zu den beliebtesten Bibelerzählungen.

Die Offenbarung des Johannes und die Apokryphen beschreiben Engel als die Boten des Herrn, die seine Liebe zur Menschheit offenbaren. Lukas berichtet vom Engel Gabriel, der Maria die Empfängnis Christi verkündete. Das Wort Engel kommt von dem griechischen Wort angelos, das eigentlich Bote bedeutet. Engel spielen im ganzen Koran eine wichtige Rolle und nehmen einen bedeutenden Platz in den heiligen islamischen Texten ein: Im Koran steht, daß Gabriel Mohammed in einer Sternennacht gen Himmel trug und ihm die ganze Schrift diktierte. Dies wird als heiliges Ereignis verehrt, das die himmlische Einführung eines ethischen und geheiligten Kodex für alle Muslime darstellt.

Drei der Hauptreligionen der modernen Welt wurden so durch die Gegenwart von Engeln bestimmt und gesegnet. Wir brauchen uns nur die alten Texte anzusehen, die das Rückgrat und die Grundlage dieser Religionen sind, um zu verstehen, in welchem Ausmaß Engel früher als offenbarende Boten Gottes handelten. Auf dem Hintergrund dieser Lehren mit ihren zahlreichen Wundern, die einen Bezug zu unserem Allgemeinverständnis herstellen, erfahren wir heute diese wunderbaren lichtvollen Kreaturen. Wir hoffen, daß konventionelle religiöse Einstellungen zu Engeln Sie nicht entmutigen, sich der Einsicht und dem Wissen um die Liebe und die Heilung zu öffnen, die sie jedem von uns anbieten können.

Engel gehören eigentlich zur ganzen Menschheit, nicht zu einer bestimmten Religion. Sie können uns als Mittler zu persönlichem Wachstum und spiritueller Evolution verhelfen. Sie brauchen den Engeln nur Raum in Ihrem Leben einzuräumen, damit sie den spirituellen Kontext schaffen, in dem Sie die Fähigkeit zur Liebe und zum Geliebtwerden entfalten können.

Engel nehmen einen aktiven Platz in unserem Leben ein, weil wir ihre Hilfe für unsere Beziehung zur Quelle brauchen. Ebenso geben sie uns Schutz und Führung und helfen uns, unser kreatives Potential zu verwirklichen, indem sie unseren Weg leicht und bequem machen. Sie helfen, indem sie beiseite räumen, was unserem Wohlergehen und unserem Glück hinderlich ist. In der Moderne haben zwei Denker von großem geistesgeschichtlichem Einfluß, Emanuel Swedenborg und Rudolf Steiner, dazu beigetragen, daß Engel nicht mehr von einem religiösen, sondern einem humanistischen Standpunkt aus betrachtet wurden. Emanuel Swedenborg war ein schwedischer Philosoph, der im 18. Jahrhundert lebte. Er hatte tiefgründige mystische Erfahrungen gemacht, in deren Verlauf er, so behauptete er, in das Himmelreich mitgenommen und Zeuge der himmlischen Hierarchien wurde. Er beschrieb in seinen Schriften die vollkommene Liebe und Harmonie des Engelkönigreichs und berichtete von Engeln, die ein Zuhause hatten und in vollkommener Harmonie und Frieden lebten. Engel hatten natürlich ein seliges Dasein. Laut Swedenborg heirateten sie und lebten zusammen, und ihr Leben unterschied sich nicht von unserem eigenen, außer daß sie ohne Zwietracht oder Konflikte lebten und niemals um etwas kämpften. Diese schöne Vision vom Himmel könnten wir in unser irdisches Dasein transponieren.

Swedenborg beschrieb, wie die Engel aus Liebe und Barmherzigkeit heraus handelten. Er sagte, daß sie nie glückseliger waren als dann, wenn sie Führung und Fürsorge lehrten oder anboten: „Sie sind das Bild des Herrn, also lieben sie ihren Nächsten mehr als sich selbst, und deshalb ist der Himmel Himmel."

Um die Jahrhundertwende studierte Rudolf Steiner, ein deutscher Wissenschaftler und Philosoph, alle Formen esoterischer Wissenschaften. Er empfand tiefe Liebe und Verständnis für die Engel. Steiner verstand Engel als spirituelle Lehrer, die der Menschheit zu einer höheren Ebene von Spiritualität und innerer Entwicklung verhelfen sollten. Er sagte, daß wir uns um so mehr mit dem Reich der Engel verbinden, je mehr wir uns als spirituelle Wesen weiterentwickeln. Er glaubte beispielsweise, daß der Erzengel Michael der Führungsengel

in unserem Neuen Zeitalter sei, der die Menschheit aus ihrem chaotischen und hoffnungslosen Zustand in ein Zeitalter großen Lichtes und spirituellen Bewußtseins führen werde.
Ein wichtiger Teil von Steiners Schriften ist seine Beschreibung, wie Engel mit uns kommunizieren. Er sagte, dies geschehe durch Bilder. Nach Steiners Worten müssen wir Vorstellungskraft und Intuition entwickeln, um zu entschlüsseln, was die Engel uns offenbaren wollen. Durch unsere Arbeit mit Engeln können wir unsere Negativität loslassen und unsere vorgefaßten verstandesmäßigen Meinungen über die physische Realität aufgeben. Dadurch entwickeln wir unser intuitives Denken weiter und erweitern unsere kreativen Fähigkeiten. Über die Engel zu meditieren klärt negative Gedankenmuster, so daß wir offen für die himmlischen Botschaften sind.
Diese Botschaften werden durch die rechte Gehirnhälfte kanalisiert. Diese Gehirnhälfte prüft Informationen synthetisierend, das heißt, sie bringt Informationen zusammen und macht Bilder daraus. Sie ist der Teil des Gehirns, der durch Musik, Farben und Berührung stimuliert wird. Sie arbeitet mit Bildern und Symbolen, so daß Schlußfolgerungen, und nicht so sehr Ergebnisse, eine metaphorische Qualität bekommen. Sie ist eher unterscheidend als urteilend. Sie schließt ein und nicht aus: Während die linke Gehirnhälfte Informationen durch analytische Prozesse teilt und aufsplittet, baut die rechte Hälfte Informationen zu einem zusammenhängenden, verständlichen Muster zusammen.
Zugang zu den Engelsbildern bekommen wir über die rechte Gehirnhälfte. Deshalb ist es so wichtig, an Kunst, Musik, Tanz und Berührung Gefallen und Freude zu finden. Das öffnet uns für den Teil von uns, der die Quelle durch unmittelbares Erleben erreicht. Was wir eigentlich anstreben, ist Gleichgewicht zwischen den Gehirnhälften, damit wir das Potential unseres Gehirns voll ausnützen können.
Steiner glaubte, daß jedes Bild, das uns übermittelt wird, Teil einer verschlüsselten Vision unseres vollkommenen Glücks sei. Je mehr wir unsere Intuition entwickeln, desto eher sind wir imstande, diese Informationen zu extrapolieren, klare Entscheidungen zu treffen und so ein gesundes und geregeltes Leben zu führen, indem wir unserem höchsten Wohl immer dienen und der Menschheit helfen, sich weiterzuentwickeln. Steiner glaubte, daß der Sinn der Engelslehren dreifach ist. Er glaubte, daß jeder Mensch seine eigene Verbindung zum Göttlichen finden wird; jeder Mensch wird irgendwann in Freiheit leben und die Göttliche Quelle in sich und seinen Mitmenschen ehren.
In ihrem Buch „Die Antwort der Engel“, das ich in der Einführung erwähnt habe, schildert Gitta Mallasz, wie Engel auf außergewöhnliche Weise das Leben von vier jungen Menschen veränderten (darunter auch ihr eigenes), die als einzige überlebten, weil sie sich während des Zweiten Weltkriegs in einem kleinen Dorf in Ungarn versteckt hielten. Besonders auffallend an diesem Buch ist, daß es die leibhaftige Hölle beschreibt, in die diese Menschen geraten waren, und den inneren Frieden und die Ruhe, die sie durch ihren regelmäßigen Kontakt zu den Engeln erlangten. Dieser Kontakt wurde in einer Sitzung mit einem der vier kanalisiert, die einmal wöchentlich, achtzehn Monate lang, stattfand. Dies gab

ihnen spirituelle Nahrung in einer Zeit fast globaler Verzweiflung. Gitta Mallasz, heute schon eine alte Dame, lebt in Frankreich und spricht gelegentlich in Radiosendungen über das Thema Engel.
Die amerikanische Schriftstellerin Terry Lynn Taylor schreibt ohne religiöse Untertöne über Engel und zeigt uns statt dessen die Liebe und das Licht, das sie uns so eifrig anbieten. Ihre Bücher führen uns zum Kern der Frage, warum wir uns wegen Führung und Schutz an Engel wenden. Sie behauptet, sie seien ganz einfach dazu da, um uns Freude zu bringen. Gustav Davidson, ein anderer moderner Schriftsteller und Wissenschaftler, interessierte sich sehr intensiv für Engel. Er schrieb ein „Dictionary of Angels", also ein Wörterbuch zum Thema Engel, das uns eine Fülle von Wissen und Informationen über diese himmlischen Wesen vermittelt. Sein Werk umfaßt mehrere Jahre der Forschung, und wir schulden ihm viel Dank für seine wunderbare Forschungsarbeit zu einem Thema, das ihm große Freude bereitete. Er half auch dabei, die rein religiösen Assoziationen zu Engeln beiseitezuschieben und sie ins Licht alltäglichen Bewußtseins zu rücken. Er hoffte, daß jeder, der gern etwas über Engel wissen wollte, in seinem Werk einen handlichen und nützlichen Führer finden würde.
Engel bieten uns die Gelegenheit, uns selbst zu lieben. Sie bringen uns zum wahren Wesen unseres Lebens, indem sie uns lehren, daß wir, wenn wir uns selbst lieben, unserer höchsten Wahrheit folgen. Sie helfen uns dabei, zu verantwortungsvollen, liebevollen Menschen heranzureifen, die in Gelassenheit und Frieden leben können. Sie unterstützen uns dabei herauszufinden, wer wir in der Tiefe unseres Seins wirklich sind, und auch dabei, als kreative, ganze Menschen zu leben. Fast die gesamte moderne Literatur über Engel bietet uns diese Perspektive, indem sie das Wesentliche beleuchtet, das Engel mit uns in unserem normalen Alltagsleben teilen wollen.
Dr. H.C. Moolenburgh aus Holland hat zwei Bücher über die Erfahrungen von Menschen mit Engeln geschrieben. Es gibt noch viele andere Berichte von Autoren, die ihre persönlichen Begegnungen mit Engeln mitteilen und beschreiben, wie ihnen geholfen wurde. Einige sind wundersam und außergewöhnlich, andere wiederum ganz einfach, und sie offenbaren, wie leicht Engel in unser Leben treten können, wenn wir für ihre Liebe, ihre Weisheit und ihre Führung offen sind.
An Engel zu glauben ist eindeutig eine persönliche Entscheidung. Sie wohnen im Reich des Unsichtbaren. Ihre Handlungen jedoch lassen sich in Form von Energie erfahren, die sich physisch manifestiert und als lebendige Realität zum Ausdruck kommt. Woher wissen wir, daß etwas real ist? Wir sehen die Folgen seines Wirkens. Wenn ein Auto ein Kind im letzten Augenblick um ein Haar verfehlt oder wenn Hilfe bei einem Problem aus dem Nichts auftaucht, dann bin ich ganz sicher, daß wir es mit Engeln zu tun haben. Inspiration kommt von einem höheren Ort, als ihn unser rationaler, bewußter Verstand bieten kann. Wir können unsere analytische linke Gehirnhälfte dazu benutzen, unsere Erfahrungen zu beurteilen, aber wenn wir unseren Verstand für eine andere Möglichkeit öffnen, die Möglichkeit einer Realität, die durch die Führung und die Liebe der Engel verbessert wird, dann werden wir, wenn wir besorgt sind, Hilfe und Ant-

worten auf Fragen finden, die unergründlich scheinen. In solch einem Augenblick lassen wir die Schönheit der Engel in uns ein.
Informationen über Engel mögen hilfreich sein, aber sie sind für eine Kontaktaufnahme nicht notwendig. Je mehr Sie sich für eine Erfahrung mit den Engeln in Ihrem Leben öffnen können, desto vertrauter werden Sie mit ihnen werden. Bücher helfen uns dabei, die Erfahrungen anderer Leute zu teilen, aber sie sind kein Ersatz für unser eigenes persönliches Bewußtsein. Eigentlich fordern uns die Engel auf, unsere intuitiven Gaben weiterzuentwickeln, so daß wir besser verstehen, was sie uns lehren wollen. Wenn Sie Ihrem Herzen vertrauen und all Ihre Gefühle als rechtmäßige Ausdrucksformen Ihrer selbst respektieren, dann erreichen die Engel Ihren Verstand und Ihr Herz schneller. Das heißt, daß Sie sich selbst vertrauen und - ganz wichtig - Ihre Erfahrungen respektieren. Oft sind es einfache Leute mit sehr unkomplizierten Erfahrungen, die den Engeln mühelos begegnen. Versuchen Sie also, sich für einen Augenblick von Ihrer auf die rationale linke Gehirnhälfte orientierten Sichtweise der Welt zu distanzieren und bereitwillig Ihre Sinne und Ihre Intuition für eine andere Art der Wahrnehmung zu öffnen, durch die Sie in die Wunder universalen Bewußtseins eintauchen können. Die Liebe der Engel und die Freude am reinen Dasein warten auf Sie.

Zweites Kapitel

DIE ENGELSKARTEN

Engel sind die Ökonomie der sichtbaren Welt. Ich halte sie für die wahre Ursache von Bewegung, Licht und Leben und der Elementarprinzipien des physikalischen Universums, die uns, wenn sie sich unseren Sinnen erschließen, an den Begriff von Ursache und Wirkung und die sogenannten Naturgesetze denken lassen.

KARDINAL NEWMAN

In dieser Einführung zu den Engelskarten werden die Engel und ihre himmlischen und irdischen Aufgaben beschrieben. Die Karten sind entsprechend den drei Himmelshierarchien gestaltet: dem Himmel der Gestaltung, der sich auf unser materielles Alltagsleben bezieht, dem Himmel der Schöpfung, der sich auf menschliche Fragen und den zwischenmenschlichen Umgang bezieht, und dem Himmel des Paradieses, der uns zeigt, wie wir als Mit-Schöpfer des Universums zusammen mit der Quelle wirken können. Die Karten der drei Himmel erkennt man an ihrer unterschiedlichen Randdekoration. Um Ihnen beim Kennenlernen der Engelskarten zu helfen, schlage ich vor, daß Sie sie gemäß der in diesem Kapitel angegebenen Reihenfolge in die drei Hierarchien sortieren und sich allmählich mit ihnen vertraut machen. Ihre ersten Eindrücke sind wichtig. Lesen Sie die Affirmation auf jeder Karte – das Wesen des Engels und seine Bedeutung –, und befassen Sie sich eingehend mit seinem Bild. Trauen Sie Ihren Instinkten hinsichtlich der Karten, und lesen Sie dann nach. Auf diese Weise registrieren Sie Ihre eigenen Eindrücke, sie sind bedeutsam für Sie, und die Karten werden ein ausgezeichnetes Divinationsinstrument für Sie.

Jede Himmelsebene hat drei Arten von Engeln. Der Himmel der Gestaltung beinhaltet den Schutz und die Liebe der Erzengel. Unsere persönlichen Schutzengel und die Engelsfürsten, die über bestimmte geographische Orte herrschen, bewohnen ebenfalls dieses Reich. Der Himmel der Schöpfung enthält die zarten und gnädigen Energien der Mächte, Tugenden und Herrschaften. Das sind die Engel, die das spirituelle Wesen menschlicher Beziehungen unmittelbar betreffen. Sie bieten uns Eigenschaften wie Frieden, Gelassenheit und Harmonie und helfen uns auch dabei, Versöhnung und Gnade in unserem Leben zu akzeptieren und Vergebung in unserem Herzen zu finden. Der Himmel des Paradieses enthält die herrlichen mächtigen Energien der Seraphim, der Cherubim und der Throne. Das sind die Engel der Liebe, der Weisheit und der Herrlichkeit.

Die Himmelshierarchie definiert sich durch den Grad an Liebe und Bewußtsein innerhalb jeden Reiches. Genauso wie wir uns auf der irdischen Ebene spirituell weiterentwickeln, entwickeln sich auch Engel von einer Ebene zur anderen weiter, indem sie ihr Bewußtsein und ihre Liebe ausdehnen: Sie kommen durch Liebe und Barmherzigkeit der Quelle näher. Als Gottes Boten bringen sie das universelle Licht der Liebe ins Bewußtsein aller Wesen. Sie dienen der Quelle, indem sie uns dabei helfen, uns zu würdigen Menschen, licht- und liebevollen Wesen zu entwickeln.

Wenn wir die Engelskarten als Orakel verwenden, rufen wir die vereinten Energien und das Bewußtsein aller Himmel an. Wir bitten die gesamte himmlische Hierarchie, uns beizustehen, Lösungen für unsere Probleme zu finden und uns Einblick in unser Leben und die spirituellen und emotionalen Vorgänge zu gewähren. Die Engel sind dazu da, uns wieder mit der Quelle zu verbinden. Sie stehen uns zur Verfügung und können jederzeit angerufen werden.

Das Engel-Orakel gibt nicht vor, Lösungen für all Ihre Probleme bereitzuhalten. Es bietet Ihnen jedoch ein Instrument an, mit dem wir die Führung und Liebe unserer göttlichen Freunde erreichen. Wenn Sie sich die Karten ansehen und sich mit den Eigenschaften der verschiedenen Engel vertraut machen, werden Sie vielleicht verblüfft sein, wieviel Liebe sie uns bringen. Jede Himmelsebene hat ihre eigene spezifische Funktion: Achten Sie je nach Ihrem besonderen Bedürfnis nach Führung und Hilfe darauf, welche Engel auf Ihr Problem oder Ihre besondere Frage ansprechen.

Zu verschiedenen Zeitpunkten in Ihrer Entwicklung rufen Sie möglicherweise verschiedene Engel um Hilfe und Führung an. Wenn sich Ihre Probleme um materielle Fragen drehen, beispielsweise wie Sie Ihren Weg in der Welt finden sollen oder wie Sie Ihren Lebensunterhalt mit etwas verdienen sollen, das Ihnen Freude und Vergnügen bereitet, dann wenden Sie sich vielleicht an einen der Erzengel oder an Ihren Schutzengel um Beistand. Wenn sich andererseits Ihre speziellen Fragen auf Beziehungen zu unterschiedlichen Menschen oder einer bestimmten Person konzentrieren, dann ziehen Sie eher Engelskarten aus dem Himmel der Schöpfung.

Die Himmelshierarchien bieten Ihnen einen Maßstab, mit dem Sie Ihre eigene Bewußtseinsebene und Fähigkeit zur Spiritualität messen können. Vertrauen Sie darauf, daß die Engel, wenn Sie stärker an sie glauben, Ihnen dabei helfen werden, höhere Ebenen von Liebe und Freude zu erreichen.

DER HIMMEL DER GESTALTUNG

Der Himmel der Gestaltung ist die erste der drei Himmelsebenen, und die Engel dieses Reiches, die Erzengel, die Schutzengel und die Engelsfürsten, stehen der Menschheit am nächsten. Sie sind unser Hauptkontakt zu den Engelsreichen und bieten uns persönliche wie auch überpersönliche Unterstützung dabei an, Ordnung und Glück in unser Leben zu bringen.
Ihre Absicht ist es, uns darauf aufmerksam zu machen, daß das Göttliche in jedem von uns und in allen Dingen um uns steckt. Sie sorgen für den Geist der Liebe und des Schutzes, der für die Entwicklung unserer Seele auf dieser irdischen Ebene so lebenswichtig ist. Ohne spirituellen Kontext für unsere weltlichen Erfahrungen würde uns etwas fehlen. Je mehr wir uns für Liebe in unserem Leben entscheiden, desto mehr sind wir auf die himmlischen Reiche ausgerichtet.

Die Erzengel

Die Erzengel sind Boten des Göttlichen an die Menschheit. Sie bieten spirituelle Nahrung und Inspiration. Sie liefern uns Offenbarung und stellen uns alle Instrumente zur Verfügung, die wir für unsere spirituelle Entwicklung brauchen. Sie bieten uns den bestmöglichen Beistand und himmlische Liebe in unserem Alltagsleben. Ihr Licht und ihre Stärke leiten uns zurück zur Kraft in uns selbst, durch die wir zusammen mit der Quelle zu Mit-Schöpfern des Universums werden können. Eigentlich sind sie Beschützer der Menschheit und haben besondere Aufgaben, die dem kollektiven und universalen Geist der Menschen helfen. Mit ihrer Fähigkeit, materielle Substanz zu durchdringen, transformieren Erzengel Erdenergie und erinnern uns an die Begrenztheit unseres kleinen Verstandes. Sie zeigen uns die grenzenlose Realität des Göttlichen. Wenn wir ihre Gegenwart akzeptieren, laden wir Wunder in unser Leben ein. Zu allen Zeiten haben sich Menschen um Beistand und Unterstützung an die Erzengel gewandt. Ein altes jüdisches Gebet erbittet ihre Hilfe:

An Gott den Allmächtigen,
den Herrn Israels,
möge Michael zu meiner Rechten sein,
Gabriel zu meiner Linken,
vor mir Raphael und
hinter mir Uriel,
und über mir Gottes Göttliche Gegenwart.

Die Schutzengel

Während die Erzengel über die gesamte Menschheit herrschen, schließen sich die Schutzengel Einzelpersonen an. Die Schutzengel sind es, die über das spirituelle Wachstum des einzelnen sein ganzes Leben lang wachen und seine Seele beschützen und verteidigen. Jeder Engel war vielleicht viele Leben lang bei einer bestimmten Seele und half der betreffenden Person dabei, die Lektionen jedes einzelnen Lebens zusammenzusetzen, bis sie schließlich wußte, daß sie eins mit Gott ist. Dieses Wissen nennt man Erleuchtung.

Unser Schutzengel segnet alles, was wir für unser spirituelles Wohlergehen tun. Das könnte eine anspruchsvolle spirituelle Übung sein, die uns Frieden oder Gelassenheit schenkt; dies könnte einfach eine Aufforderung sein, an den Strand zu gehen und Frisbee zu spielen. Kindlicher Spaß und Spieltrieb können ebenso befriedigend für die Seele sein wie stundenlanges Meditieren oder Selbsthilfetherapien.

Im Engel-Orakel verkörpern die Schutzengel die unterschiedlichen Entwicklungsstadien, die wir in unserem Leben durchmachen. Sie stehen als Symbol für die Übergänge, die wir alle passieren, wenn wir reifen und uns entwickeln. Wir können diese Schutzengel um Führung und Hilfe angehen, wann immer wir blockiert sind oder in unserem Leben nicht mehr weiterwissen. Sie lieben und ehren uns bedingungslos und stehen jederzeit als Helfer zur Verfügung, wenn wir uns der Göttlichen Gegenwart öffnen.

Im letzten Jahrhundert fand Alexander Carmichael ein wunderschönes Gebet an einen Schutzengel auf den schottischen Outer Isles:

Der Schutzengel

Du Engel Gottes, der du
vom lieben Vater der Gnade den Auftrag hast,
dem behütenden König aus der Schar der Heiligen,
heute nacht die Runde um mich zu drehen,

behüte mich vor aller Versuchung und Gefahr,
sei um mich im Meer der Sünde,
und in den Meerengen, Biegungen und Nöten,
bewahre du mein Boot, bewahre es immer.

Sei du eine strahlende Flamme vor mir,
sei du ein Leitstern über mir,
sei du ein bequemer Pfad unter mir
und ein freundlicher Hirte hinter mir,
heute, heute abend und immerdar.

Ich bin müde und bin fremd,
führe du mich zum Land der Engel;
denn es ist Zeit, heimzukehren
zu Christi Hof, zum himmlischen Frieden.

Die Engelsfürsten

Die Engelsfürsten sind die Beschützer, Helfer und Führer von Rassen, Nationen und Städten. Von ihnen ist in der Bibel die Rede als denjenigen, die starken und mächtigen Einfluß auf das Schicksal großer Menschenmassen haben. Sie stellen den kollektiven Geist verschiedener Arten der Menschheit dar, und ihre vereinte Gegenwart kommt dem Geist eines Ortes gleich. Ein schönes Zitat, das den Engelsfürsten gut beschreibt, ist ein Vers aus Wallace Stevens' Gedicht „Angels surrounded by Paysan":

Doch bin ich der Engel, den die Erde braucht,
denn in meinen Augen siehst du die Welt erneut ...

Die Engelsfürsten helfen den Menschen mit ihrem Segen und ihrer Führung, wo es um das Wohlergehen von Nationen geht. Diese Geister helfen der Menschheit dabei, jene wichtigen Fragen zu lösen, die das Schicksal der Massen beeinflussen. Die Engelsfürsten sind bemüht, die Entscheidungen von Herrschenden mit universalen Konzepten von Wahrheit und Gerechtigkeit zu verknüpfen.
Im Engel-Orakel geben die Engelsfürsten die vier Himmelsrichtungen an, die vier Elemente in der Natur und die vier psychologischen Funktionen, die den bewußten Verstand ausmachen: Denken, Fühlen, Gespür und Intuition. Auf diese Weise treten die Engelsfürsten unmittelbar mit jeden von uns und unserem Leben in Verbindung. Sie beleuchten die psychologischen Aspekte der dreidimensionalen Welt und helfen uns dabei, das Wesen unserer Lage zu verstehen.

Der Erzengel

METATRON

Metatron erscheint als der irdischste der Erzengel, da er einst ein weiser, tugendhafter Mann war, den Gott in den Himmel mitnahm. Er ist prächtig gekleidet und schreibt mit einer Feder unsere Taten ins Buch des Lebens. Er hilft uns dabei, das wahre Maß der Dinge zu erkennen.

Engelsreich **Erzengel des Himmels der Gestaltung**

Himmlische Funktion **Chronist des Buchs des Lebens, in dem er all unsere Taten aufschreibt.**

Gaben für die Erde **Er hilft uns, das richtige Maß für all unser Tun zu finden; er tritt als Zeuge unserer guten Taten und der Liebe auf, die wir geben; er hilft uns dabei, unser Potential als liebevolle und wertvolle Menschen zu erkennen.**

Metatron ist der einzige Engel in den himmlischen Sphären, der einst ein Mensch war. Er war als Henoch bekannt und der siebte Patriarch nach Adam. Es steht geschrieben, daß er „mit Gott wandelte" und in den Himmel aufgenommen wurde, wo er zum Erzengel wurde. In jüdischen Schriften wird vermutet, daß er die Schechina ist, der Engel, der die Kinder Israels aus der Wildnis führte. Auch soll Metatron Abraham daran gehindert haben, Gott seinen Sohn Isaak zu opfern.

Metatron ist auch als der erste und letzte Erzengel bekannt und hat verschiedene Namen: Archivar Gottes, Engel des Bundes und König der Engel. Seine himmlische Aufgabe ist es, all unsere Taten ins Buch des Lebens zu schreiben. Er soll das Menschenleben fördern und fungiert als Brücke zwischen dem Göttlichen und der Menschheit. Wir können ihn um Rat fragen, wie wir das richtige Maß für jede Handlung in unserem Leben finden, das heißt das Gleichgewicht zwischen dem, was wir weggeben, und dem, was wir für uns behalten. Dadurch können wir klare Grenzen ziehen und auf diese Weise ein deutliches Selbstgefühl bewahren, das so notwendig ist, wenn wir erfolgreich unser Potential in der Welt der Gestaltung erfüllen wollen.

Metatron hilft uns dabei, das richtige Maß in der Liebe, der Arbeit und Erholung zu finden, damit wir ein ausgewogenes, gesundes, harmonisches und gelassenes Leben führen. Er ist auch Zeuge unserer guten Taten, vielleicht jener Akte der Liebe und Freundlichkeit, die andere nicht erkennen. Er hilft uns auch, wenn wir uns angestrengt und abgemüht haben, damit etwas funktioniert: etwa eine Beziehung zum Laufen zu bringen, abzunehmen oder eine süchtigmachende oder schädliche Gewohnheit aufzugeben, bis hin zu vollem Einsatz für eine Sache oder eine gemeinsame Anstrengung.

Wir bitten den Erzengel Metatron, uns bei unseren Bemühungen zu leiten und uns zu helfen, das richtige Maß für unsere Leistung und unsere Aktivitäten zu finden. Wir bitten Metatron während unserer Meditation, uns darauf hinzuweisen, wann „genug genug ist" oder wann wir mehr für uns oder andere tun müssen.

Der Erzengel

MICHAEL

Michael ist der Krieger, dessen Licht über die Dunkelheit der Negativität triumphiert. Er ist mit einer Waage abgebildet, mit der er die Seelen am Tag des Jüngsten Gerichts wiegt, und mit einem Schwert, um Satan und die Mächte der Finsternis zu besiegen. Man sieht, wie er einen Drachen erschlägt. Die Legende vom heiligen Georg leitet sich direkt von ihm ab.

ENGELSREICH Erzengel des Himmels der Gestaltung

HIMMLISCHE FUNKTION Befehlsführer der Himmlischen Heerscharen

GABEN FÜR DIE ERDE Er hilft uns dabei, in widrigen Umständen stark zu bleiben, unsere persönlichen Schattenseiten aufzulösen und Kraft zu finden, wenn wir allein sind oder uns als Außenseiter fühlen.

Michaels Name bedeutet im Hebräischen „Wer ist wie Gott?“. Er ist der Erzengel, den wir in unserem Kampf gegen Negativität anrufen. Er hilft uns, das Licht in uns selbst zu finden. Historisch gesehen ist er der Beschützer Israels und der Katholischen Kirche. Er ist der Schutzheilige der Polizisten, Soldaten und kleinen Kinder und wacht auch über Pilger und Fremde. Er ist der hitzige Krieger, Fürst der Himmlischen Heerscharen, der für Recht und Gerechtigkeit kämpft und all jene führt, die in großer Not sind. Michael ist auch der Überbringer von Geduld und Glück.

Er wird mit dem Element Feuer assoziiert, das symbolisch das Vergängliche verbrennt, damit nur das reine und wesentliche Licht stark scheinen kann. Er wird der wohlwollende Engel des Todes genannt, weil er uns Erlösung und Unsterblichkeit bringt. Er ist der Engel des Jüngsten Gerichts und wiegt die Seelen. Michael gilt als der größte aller Engel in der jüdischen, christlichen und islamischen Religion. Er hat verschiedene Namen: Bewahrer der Himmelsschlüssel, Anführer der Erzengel, Fürst der Gegenwart, Engel der Reue, der Rechtschaffenheit, der Barmherzigkeit und der Liebe, Engelsfürst Israels, Beschützer Jakobs und Engel des Brennenden Busches. Er setzt sich unermüdlich für das Gute ein und steht immer dem Schwächeren bei. Michael herrscht über den einsamen Kämpfer; er ist immer hilfreich zur Stelle, um Zwietracht und Schwierigkeiten zu zerstreuen.

Wir bitten Michael um Hilfe, um unsere Negativität zu überwinden. Immer wenn wir nicht mehr weiterwissen, hilft er, uns eine dauerhaftere Vision vom Leben zu vermitteln. Er ist da, um uns zu führen und vor Ungerechtigkeit zu beschützen und um uns dabei zu helfen, uns dem Ewigen und Unvergänglichen zu öffnen. Wir können ihn in jeder Situation um Hilfe bitten, in der wir uns machtlos oder einsam fühlen und Hilfe brauchen.

Der Erzengel

GABRIEL

Gabriel ist mit einer Lilie abgebildet, die für Reinheit und Wahrheit steht. Manchmal sieht man ihn mit Tintenfaß und Federkiel, die seine Funktion als himmlischer Verbreiter von Gottes Wort symbolisieren. Manchmal hält er auch einen goldenen Kelch, der stark an den Gral erinnert.

ENGELSREICH **Erzengel des Himmels der Gestaltung**

ENGELSFUNKTION **Er steht für Wahrheit und überbringt Gottes Wort.**

GABEN FÜR DIE ERDE **Er hilft uns, unsere Wahrheit offen und ehrlich auszudrücken, unsere Individualität zu respektieren und zu ehren und auf unsere Intuition und innere Stimme zu hören.**

Traditionsgemäß ist Gabriel der Bote des Gotteswortes. Sein Name bedeutet „Gott ist meine Stärke“. Er verkündet allen Seelen das Mysterium der Inkarnation, bevor sie geboren werden, und belehrt uns alle über unsere künftigen Talente und Aufgaben in dieser Welt. Er ist der Schutzheilige der kleinen Kinder und kümmert sich auch liebevoll um das Kind in jedem von uns, ein Kind, das in seinem Wachstum behindert oder verwundet wurde und liebesbedürftig ist. Er führt uns mit zärtlichen, liebevollen Worten, damit wir unser inneres Kind freilassen. Seine leitende Hand ist immer da, um das Natürliche und Reine in uns zu schützen.

Alle Religionen ehren Gabriel als den mächtigsten Boten der Quelle. Unermüdlich überliefert er Gottes Wort denen, die zuhören und die Quelle in sich selbst ehren. Er ist bekannt als Oberster Botschafter an die Menschheit, Engel der Offenbarung, der Überbringer der Frohen Botschaft, des Gerichts und der Gnade. Er ist der Engel der Freude und der Geist der Wahrheit. Mit Gabriels Hilfe finden wir die Weisheit in unserem physischen Körper und erkennen unsere persönlichen Wahrheiten. Er respektiert die absolute Individualität jedes Menschen und hilft uns, unseren Wahrheiten getreu zu leben, indem wir unsere Talente und Gaben ehren. Mit seiner Hilfe finden wir den Mut, aus dem tiefen Wissen in uns heraus zu leben, das unsere gottgegebenen Fähigkeiten respektiert. Gabriel hilft uns auch, erfolgreich unsere individuellen Gaben weiterzuentwickeln und uns ganz zu verwirklichen.

Gabriels wichtigste Gabe an uns ist, unsere Stärke und unsere Überzeugung zu hegen, daß wir alle einen wertvollen Beitrag zur spirituellen Entwicklung der Menschheit leisten, indem wir einfach sind, wer wir sind. Er steht uns zur Seite, damit wir die Wahrheit in Situationen ermitteln, in denen das, was wir für richtig empfinden, in Konflikt mit dem steht, was sich als Wahrheit darstellt. Er hilft uns zu sehen, was für uns in jeder Situation real ist, in der wir unsere Einsicht und Intuition als Lenkung und Führung brauchen. Gabriel erleuchtet den Weg zur Wahrheit in unseren Herzen und zeigt uns den richtigen Weg zu höchstem Wohlergehen und größter Freude.

Der Erzengel

RAPHAEL

Raphael ist mit einem Stab, einem schlangenumwundenen Caduceus, dem Symbol für Heilung, abgebildet. Er hält eine Wasserflasche in der Hand, und vor ihm springt der heilende Fisch. Auf vielen Abbildungen weist sein rechter Zeigefinger beruhigend und hoffnungsvoll zum Himmel und erinnert uns daran, woher wahre Heilung kommt.

ENGELSREICH **Erzengel des Himmels der Gestaltung**

HIMMLISCHE FUNKTION **Engel der Heilung durch Freude**

GABEN FÜR DIE ERDE **Er hilft bei der Suche nach der Gabe des Heilens; er zeigt uns Wege zur Selbstheilung; er hilft uns, das Heilende in der Natur und der universellen Energie zu finden.**

Raphael ist verantwortlich für die Heilung der Erde und ihrer Bewohner. Es heißt, er habe Abraham nach seiner Beschneidung geheilt und Moses ein Heilkräuterbuch überreicht. Das Buch Tobias im Alten Testament berichtet, wie Raphael Tobias' Vater mit einer Salbe aus der verbrannten Gallenblase eines großen Fisches von seiner Blindheit heilte. Raphael hat verschiedene Namen: Aufseher der Abendwinde, Hüter des Lebensbaumes im Garten Eden, Engel der Reue, des Gebets, der Liebe, der Freude und des Lichts. Er ist der Engel der Heilung, der Wissenschaft und des Wissens. Er wird auch Engel der Vorsehung genannt, der über die ganze Menschheit wacht.

Sein Name bedeutet „Gott hat geheilt". Raphael ist die spirituelle Quelle hinter allen Heilverfahren, und als Bote der Göttlichen Vorsehung bringt er allen Heilung, die Ganzheit suchen. Er steht für die endgültige, wesentliche Heilung aller Übel, nämlich die Rückkehr zur Quelle. Raphael hilft uns, unseren Körper, Verstand und unser Herz zu heilen und Gesundheit und Ganzheit zu erlangen. Er bietet all jenen Unterstützung, die leiden und der Heilung bedürfen, und lindert Schmerz, wo immer er kann. Wenn wir unsere Herzen der Heilung öffnen, führt uns Raphael zu den Heilern, Therapeuten und Beratern, die uns nach Kräften helfen. Indem wir mehr Verantwortung für unsere eigene Heilung übernehmen, ermutigt er den Heiler in jedem von uns, der weiß, was für unsere Gesundheit und Lebenskraft am besten ist.

Er hilft uns, den heilenden Sinn von Krankheit zu sehen und zu verstehen, was uns das Leiden über uns selbst lehren kann. Wenn wir einen gesunden Weg einschlagen, führt uns sein Geist zu umfassender Gesundheit.

Indem wir unseren verwundeten Verstand und unser Herz transformieren, können wir beinahe Raphaels Flügel berühren und an seinen göttlichen Gaben teilhaben. Er ist immer da, um uns zu Ganzheit und Harmonie zu führen. Wir brauchen es uns nur zu wünschen.

Der Erzengel

URIEL

Uriel ist der Herrscher der Sonne und der strahlendste der Erzengel. Man sieht ihn mit einer Flamme in der offenen Hand. Er herrscht auch über Donner und Schrecken. Uriel ist manchmal mit einem Buch zu seinen Füßen dargestellt, dem Buch mit den Heilkräutern, das er Adam gab.

Engelsreich **Erzengel des Himmels der Gestaltung**

Himmlische Funktion **Er bringt uns das Licht des Wissens um Gott.**

Gaben für die Erde **Er hilft uns, das Licht in allen Menschen zu ehren und unsere innere Stimme zu deuten und zu entschlüsseln.**

Der Engel Uriel, dessen Name „Mein Licht ist Gott" bedeutet, bringt der Menschheit Wissen um und Verständnis für das Göttliche. Er ist der strahlendste der Engel, und auf Gemälden steigt er in einem feurigen, von weißen Pferden gezogenen Wagen vom Himmel herab.

Er wird Flamme Gottes, Engel der Gegenwart und Engel der Erlösung genannt. Er ist auch als Fürst des Lichts und Deuter von Prophezeiungen bekannt. Es war Uriel, den Gott zu Noah sandte, um ihn vor der Sintflut zu warnen. Die Bibel erzählt, wie Uriel auf einem Sonnenstrahl in den Garten Eden herabstieg und mit einem feurigen Schwert an dessen Pforte stand. Er ist auch der Engel, der über Donner und Schrecken wacht. Als Engel der Reue hilft er uns, die karmischen Gesetze zu verstehen, die, einfach ausgedrückt, besagen, daß wir ernten, was wir säen. Uriel hilft uns auch zu verstehen, wie die göttliche Gnade wirkt, und macht uns bewußt, daß wir alle von Gottes Liebe umsorgt werden.

Er soll der scharfsichtigste aller Engel sein. Oft wird er mit der Flamme des Wissens in der offenen Hand dargestellt, auf die die Menschheit sich für Gesundheit und Wohlergehen stützen kann. Wenn dieses Wissen mißbraucht wird, ist es Uriel, der die göttliche Vergeltung verkündet. Uriel hilft uns zu verstehen, warum alles so ist, wie es ist. Er hilft uns, Vertrauen in den göttlichen Plan zu haben, so daß wir, wenn die Dinge scheinbar schiefgehen, erkennen, daß sie letztendlich zu unserem Besten und zu unserer größten Freude geschehen.

Mit Uriels Hilfe können wir unsere innere Stimme und unsere Träume deuten. Er führt uns zum Verständnis unseres Wesenskerns und dazu, mehr Verantwortung für unser Leben zu übernehmen. Unter seiner Führung haben wir die Möglichkeit, unser Potential als kreative Geister zu verwirklichen. Mit ihm finden wir unser inneres Licht und werden so strahlend wie die Sonne, wenn wir die Liebe und Schönheit in uns zum Ausdruck bringen.

Der Schutzengel der
KINDER

Dieser wunderschöne Engel bewahrt und beschützt alles Neue und Junge im Leben, besonders Neugeborene. Er wacht über alles, was im Wachstum begriffen ist und zusätzlich Nahrung, Freundlichkeit und Fürsorge braucht.

ENGELSREICH **Engel des Himmels der Gestaltung**

ENGELSFUNKTION **Er bewacht und beschützt alle Kinder.**

GABEN FÜR DIE ERDE **Er hilft Ihnen, das Kind in Ihnen, das geborgen und geliebt sein will, zu beschützen, sich um alle Neuanfänge in Ihrem Leben zu kümmern und alles Junge und Frische in Ihrem Leben zu ehren.**

Der Schutzengel, der über alle neuen Seelen wacht, die sich im irdischen Leben inkarnieren, hilft Müttern und Babys bei der Geburt. Er leitet und beschützt auch all jene, die mit Babys und kleinen Kindern zu tun haben. Jedes Neugeborene und jeder junge Mensch wird von seinem Schutzengel gesegnet, beschützt und umsorgt.

Dieser Engel leistet auch bei allen Neuanfängen, neuen Projekten oder Beziehungen Beistand. Er beschützt alles Neue und Verletzliche und hilft, Junges zu ernähren und zu unterstützen, damit es kräftig und widerstandsfähig werden kann. Alles Neue in Ihrem Leben wird von der liebevollen, aufmerksamen Fürsorge dieses Engels gesegnet.

Mit einem Gebet zum Schutzengel der Kinder können wir Dank und Freude über das Wunder neuen Lebens zum Ausdruck bringen und um Führung und Schutz für alles Junge und Zarte in uns bitten. Wir können diesen Segen für unsere Familie, Freunde und die erbitten, mit denen wir beruflich zu tun haben, sowie für andere, mit denen wir tagtäglich in Kontakt kommen. Alles Junge und Zarte in uns, alles Verletzliche oder Pflegebedürftige hat den Segen dieses besonderen Schutzengels verdient. Er hilft uns auch, das Unschuldige und Reine in uns zu beschützen. Dieses innere Kind, das sich nach Akzeptiert- und Geliebtwerden sehnt, wird von Ihrem Schutzengel anerkannt.

Der Schutzengel der Kinder hilft uns, das Kind in uns zu berühren, das einsam oder ungeliebt ist, und tiefe Wunden zu heilen, wenn wir nur selten Liebe bekamen oder mißbraucht wurden. Wir bitten diesen Schutzengel, unseren Schmerz, Kummer und beunruhigende Erinnerungen aus unserer Vergangenheit zu zerstreuen und unseren Geist zu heilen. Dieser Engel bietet uns den Schutz an, den jeder Neuanfang braucht, um zu wachsen und zu erblühen. Er gibt uns die Nahrung, die wir brauchen, um stark zu werden und unsere Stabilität in neuen Situationen zu spüren. Er läßt die zarten Blüten jedes Neubeginns Wurzeln schlagen und sich fest im Boden verankern.

Der Schutzengel der
JUGEND

Der Schutzengel der Jugend, dessen Bogen und Pfeile und eine Steinschleuder auf sportliches Können hinweisen, ist voller jugendlicher Lebensenergie und Begeisterung. Die Energie der Jugend ist positiv und liebt Spaß, und der Engel sorgt dafür, daß diese Eigenschaften in unserer ganzen Jugendzeit in Hülle und Fülle vorhanden sind.

ENGELSREICH **Engel des Himmels der Gestaltung**

ENGELSFUNKTION **Er bewahrt und beschützt alles Jugendliche in uns.**

GABEN FÜR DIE ERDE **Er hilft Ihnen, Ihren jugendlichen Geist zu genießen, Ihre Lebendigkeit zu stärken und zu beschützen und alles Jugendliche in Ihnen zu fördern.**

Dieser Engel bewahrt und beschützt nicht nur junge Menschen, sondern wacht auch über das Jugendliche in uns allen. Man geht davon aus, daß Menschen und Projekte in der Jugend eher fehlbar sind. Fehler, Neugier und Experimentieren sind verzeihlich. Wir brauchen einen Raum in unserem Leben, in dem wir nicht immer alles richtig machen müssen. Dieser Engel gibt uns Gelegenheit zu spüren, daß Fehler zu machen nicht riskant ist. Er hilft, den richtigen Weg zu entdecken, Dinge zu tun, diesen Prozeß zu beobachten und den lebhaften Geist der Begeisterung zu beschützen.

Der Schutzengel der Jugend erlaubt Ihrem jugendlichen Geist, neugierig zu sein und Spaß zu haben und neue Formen des Wachstums, des Ausdrucks und der Entwicklung auszuprobieren. Er ermutigt zu Kreativität und Führungseigenschaften und aktiviert jugendlichen Enthusiasmus. Er ist die Energie, mit der wir uns im späteren Leben verwirklichen können.

Dieser Engel respektiert die Zartheit der Jugend und gönnt uns eine Ruhepause von der schweren Last, Lebensentscheidungen zu treffen und die Konsequenzen unserer Fehler zu spüren. Die leichtherzige Freude des Geistes ist es, die dieser Schutzengel in uns allen fördert und segnet.

Wir bitten den Schutzengel der Jugend im Gebet um seinen Segen und um Bewußtsein für all das, was mit Jugend und Spaß zu tun hat. Wir können darum bitten, daß unsere Erregung und Begeisterung für neue Projekte wiederbelebt wird und wir mit der Flexibilität der Jugend gesegnet werden, damit unser Geist jung bleibt und wir die Freude in unserem Leben leichter wieder entfachen können. Dieser Engel bietet uns auch die Möglichkeit, auf die Güte des Lebens zu vertrauen. Die Unschuld der Jugend glaubt an das Gute und teilt ihre Begeisterung für das, was sie als richtig empfindet, mit. Der Engel fördert diese Begeisterung und unseren Sinn für Spaß im Leben.

Der Schutzengel der

JUNGEN LIEBE

Dieser Engel hält ein Paar Turteltauben in der Hand. Er beschützt die erste Blüte der Liebe und segnet unsere Reinheit, damit wir die Liebe in unseren Herzen zum Ausdruck bringen können. Er ermutigt uns, unseren Körper zu respektieren und mit unseren Gefühlen behutsam umzugehen, damit unsere erste Liebeserfahrung besonders schön wird.

ENGELSREICH **Engel des Himmels der Gestaltung**

ENGELSFUNKTION **Er beschützt alle Verliebten.**

GABEN FÜR DIE ERDE **Er hilft Ihnen, Ihre Sexualität wertzuschätzen und sie zu ehren, die Gaben der Liebe und ein offenes Herz in Ehren zu halten und Ihre eigenen zarten Gefühle zu lieben und zu respektieren.**

Dies ist der Schutzengel, der über junge Liebe wacht und neuen, zarten Beziehungen ihre Schönheit und Süße verleiht. Er hilft uns auch, uns in einer Beziehung sicher zu fühlen, und gibt uns Vertrauen in unsere Fähigkeit, unsere Gedanken und Gefühle offen auszudrücken. Dieser Engel steht uns zur Seite, damit wir unseren Selbstwert erhöhen, und ermutigt uns, auf Menschen zuzugehen, die uns wertschätzen und die unser Licht und unsere Schönheit sehen.
Wir bitten diesen Engel, uns zu segnen und uns vor Menschen zu beschützen, die uns Schaden zufügen oder uns manipulieren wollen oder die unfähig sind, sich auf offene, ehrliche Weise mitzuteilen. Wir bitten diesen Engel um Unterstützung, wenn wir uns verletzlich oder unsicher fühlen, wenn wir jemanden kennenlernen, mit dem wir gern eine Bindung eingehen möchten. Er hilft uns, es mit jemandem zu versuchen, der es unserem Gespür nach wert ist, der aber schüchtern oder zurückhaltend ist.
Dieser Schutzengel führt den einzelnen zu potentiellen Partnern, indem er ihm hilft, sich genau von den Leuten angezogen zu fühlen, die seine Individualität respektieren und bei denen er gefahrlos sein wahres Selbstgefühl freundlich und behutsam ausdrücken darf. Dieser Engel wacht über uns und führt uns zu förderlichen Freundschaften, die uns tiefes, immerwährendes Glück bescheren.
Wir beten immer dann zum Schutzengel junger Liebe, wenn wir eine neue Beziehung eingehen und Hilfe und Zuversicht brauchen, daß es zu unserem eigenen Wohl geschieht. Wir können diesen Engel anrufen, wenn unsere jetzige Beziehung festgefahren oder schal geworden ist und eine Wiederbelebung braucht. Dies ist der Schutzengel, der den Geist der Liebe und liebevolle Sexualität in uns allen segnet und erneuert. Wir bitten ihn, unsere engsten Beziehungen zu beschützen und zu bewahren und die Bande der Liebe von negativen Kräften abzuschirmen, die ausschließen, trennen oder irgendwie versuchen, einen Keil in unsere liebsten Freundschaften zu treiben.

Der Schutzengel

JUNGER ERWACHSENER

Dieser Engel trägt den Schlüssel, mit dem wir zu glücklichen, stabilen Erwachsenen werden, die das Gleichgewicht zwischen Arbeit und Vergnügen finden und den Unterschied zwischen Gutem und Schlechtem erkennen. Er segnet uns, wenn wir Verantwortung für unser Leben übernehmen.

ENGELSREICH **Engel des Himmels der Gestaltung**

ENGELSFUNKTION **Er hilft jungen Menschen dabei, eine klare Richtung einzuschlagen.**

GABEN FÜR DIE ERDE **Er hilft Ihnen, Verantwortung für Ihr Leben zu übernehmen, Ihrem Herzen zu folgen und weise und überlegte Entscheidungen für sich zu treffen.**

Dieser Schutzengel wacht über alle Menschen, die ihren eigenen Lebensweg beschreiten wollen. Dies ist eine Zeit, wo eine gesunde, umhegte Kindheit die ersten Früchte trägt. Es ist auch der Zeitpunkt, an dem wir vertrauensvoll die richtige Wahl für unser Leben treffen. Dieser Engel hilft uns dabei, ehrliche und klare Entscheidungen zu finden, die unsere Wachstums- und Entwicklungschancen erhöhen. Er führt uns zu den richtigen beruflichen Entscheidungen, wo unsere Begabungen anerkannt werden, und zu den richtigen Partnern, die uns die Liebe und die Ermutigung geben, die wir brauchen, um unser volles Potential zu erreichen.

Dieser Engel hilft uns, Sinn für Humor zu bewahren, wenn alles schiefzugehen scheint oder wenn wir merken, daß wir eine wertvolle Gelegenheit verpaßt haben. Dieser Engel schenkt uns auch die Zuversicht, daß wir uns immer auf dem richtigen Weg zur Verwirklichung unseres Lebenssinns befinden. Wir sollen erkennen, daß wir trotz noch so vieler Biegungen auf unserem Lebensweg schließlich zu den Dingen geführt werden, mit denen wir unser Sein voll zum Ausdruck bringen können.

Wir bitten unseren Schutzengel, uns die richtige Richtung für unseren Lebenssinn zu zeigen, und um Trost, wenn wir einen Verlust oder eine Trennung erlitten haben oder wenn wir uns von der Welt verletzt und überwältigt fühlen und merken, daß unser angeborener Glaube erschüttert ist.

Dieser Engel segnet und beschützt uns immer dann, wenn wir mehr Vertrauen und Zuversicht brauchen, und tröstet uns, wenn wir einsam sind oder unsicher, wie wir zu unserem Besten handeln sollen. Wir können um Vertrauen und Zuversicht bitten bei allem, was wir tun und wo immer wir auch sein mögen. Mit der Hilfe dieses Engels können wir weiterhin darauf hoffen, daß alles, was uns widerfährt, zu unserem Besten und zu unserer größten Freude geschieht.

Der Schutzengel der

REIFE

Dieser Engel hilft uns, zu weisen Menschen heranzureifen, die mit Verantwortung umgehen können und fruchtbare Entscheidungen treffen, um mehr Freude und Wohlergehen zu erlangen. Er zeigt uns, wie wir mit Anstand älter werden. Er trägt die Laterne der Weisheit und eine Trompete, Symbol der Wertschätzung der Musik, einem der schönsten Dinge des Lebens.

Engelsreich **Engel des Himmels der Gestaltung**

Engelsfunktion **Er begleitet unser emotionales Wachstum.**

Gaben für die Erde **Er hilft Ihnen, Ihren Wachstums- und Reifeprozeß zu verstehen; er läßt Sie die Dinge im Leben tun, die Sie sich schon immer gewünscht haben; er befähigt Sie zum Umgang mit den Verantwortungen des Erwachsenseins.**

Dieser Engel hilft uns, überlegte und weise Entscheidungen für unser Wohlergehen und das anderer zu treffen, die unter unserer Obhut stehen, ob wir nun Erzieher, soziale Helfer oder Eltern sind.

Der Schutzengel der Reife leitet uns helfend an, mit der großen Verantwortung dafür zurechtzukommen, wer wir sind oder wie wir unser Leben gestalten. Er hilft uns, wenn wir merken, daß uns die Last unserer Entscheidungen zu schwer wird, und unterstützt uns dabei, die richtigen Antworten auf die verwirrenden Fragen zu finden, mit denen wir in unserer Arbeit und unseren Beziehungen konfrontiert werden.

Wir bitten diesen Engel, uns zu segnen und uns helfend zu leiten, weise und einsichtig durch die Untiefen und Tiefen des Lebensflusses zu steuern, und uns zu Liebe und Freude zu führen. Wir können darum bitten, daß unsere Entscheidungen aus Liebe getroffen werden und nicht auf Machtgier basieren. Wir können auch um Führung bitten, um die Bedürfnisse jüngerer oder nicht so verantwortungsbewußter Menschen, die uns anvertraut sind, besser zu berücksichtigen. Dieser Engel hilft uns, den Frieden und die Weisheit zu finden, die sich mit der Reife einstellen. Wir benötigen vielleicht Führung, um den Unterschied zwischen dem zu erkennen, was einfach gut zu sein scheint, und dem, was wirklich für uns richtig ist. Vielleicht bitten wir um den Mut, Weisheit und die Fähigkeit zu entwickeln, mit Macht umzugehen, damit wir sie nicht mißbrauchen. Wir bitten darum, daß die uns anvertrauten Menschen sich bei uns sicher fühlen. Dieser Engel segnet uns mit Selbstachtung und Charakterstärke, so daß die Prüfungen und Schwierigkeiten im Leben nicht zur Last werden, sondern unsere wichtigsten Eigenschaften verstärken und wir so zu strahlenden, spirituellen Wesen werden.

Der Schutzengel der

GESUNDHEIT

Dieser Engel hält einen mit den Früchten guter Gesundheit gefüllten Korb und segnet uns mit gesunden Lebensperspektiven. Er überwacht, wie wir uns um unsere kostbare Gesundheit kümmern, und zeigt uns, wie wir unser Durchhaltevermögen und unsere positiven Einstellungen nach einer Krankheit wiedererlangen können.

ENGELSREICH **Engel des Himmels der Gestaltung**

ENGELSFUNKTION **Er überwacht und beschützt Ihre Gesundheit.**

GABEN FÜR DIE ERDE **Er hilft Ihnen, die Energie für die Dinge zu finden, die Sie tun wollen; sich mehr um Ihre Gesundheit zu kümmern und mit Ihrer Energie angemessen hauszuhalten, damit Sie sich nicht erschöpfen.**

Dieser Engel wacht über unser Wohlbefinden. Dadurch können wir positive Entscheidungen für unsere Lebensgestaltung treffen. Wir bitten um Hilfe für eine gesunde Lebensführung, die unser Wohlbefinden und unser Glück fördert, und um Lebenskraft, um all die Dinge zu tun, die wir gern tun, und um viel Energie, um all die an uns gestellten Anforderungen zu erfüllen. Dieser Engel unterstützt nicht nur unsere körperliche Gesundheit, sondern fördert auch unser spirituelles und emotionales Wohlbefinden. Wahre Gesundheit kommt von einem Gleichgewicht zwischen Gemüt, Körper und Geist, und dieser Engel zeigt uns diese Ebene der Ganzheit. Er wacht über uns und beschützt uns vor schädlichen Einflüssen.

Wenn wir unsere Gesundheit mit einigen Übungen, vollwertiger und nahrhafter Kost steigern oder gesunde Pausen und Urlaub machen wollen, so ermutigt uns dieser Engel dazu, uns zu amüsieren. Wir werden zu einem entspannten Lebensstil angehalten, in dem wir Muße und Vergnügen sowie Kreativität und Freude pflegen können.

Wenn wir krank sind, wacht dieser Engel über uns und segnet unsere Heilmittel und Medikamente mit Liebe, damit wir gesund werden und unsere Stärke und Lebenskraft wiedererlangen. Dieser Engel paßt immer darauf auf, daß wir uns nicht übernehmen.

Wir richten ein Gebet an den Schutzengel der Gesundheit, er möge uns mit guter Gesundheit segnen und all unsere körperlichen, emotionalen und spirituellen Schmerzen heilen. Wir bitten diesen Engel um Lebenskraft und Wohlbefinden, damit wir aus unseren Pflichten und Projekten das Beste machen können.

Der Schutzengel der
KREATIVITÄT

Dieser Engel, mit einem Tamburin in der Hand und in ein feingearbeitetes Gewand gekleidet, hilft uns, unsere Lebenskraft in kreative Akte umzusetzen, die Musik, Farbe und Gestaltung in unser Leben bringen. Er segnet uns bei all unserem kreativen Tun.

ENGELSREICH **Engel des Himmels der Gestaltung**

ENGELSFUNKTION **Er bringt Ihre Kreativität zum Blühen.**

GABEN FÜR DIE ERDE **Er hilft Ihnen, mit Ihrem Leben kreativ umzugehen, sich in allem, was Sie tun, zu verwirklichen und Ihre kreativen Gaben, die von der Quelle kommen, anzuerkennen.**

Dieser Schutzengel wacht über unsere kreativen Gaben und hilft uns, unseren Selbstausdruck zu entwickeln. Er bietet uns ständig Gelegenheit, unseren persönlichen Horizont zu erweitern. Er ermutigt uns, die Welt schöner und freudvoller zu gestalten. Dies ist der Engel, der unsere Sinne anregt, damit wir schöne Farben sehen, uns ein schönes Bild ausdenken, schöne Musik hören und viele gute Bücher lesen.

Kreativität hat unendlich viele Formen, und dieser Engel inspiriert uns, unsere Lebensfreude in einem liebevollen, fürsorglichen Universum zum Ausdruck zu bringen. Unsere Kreativität kann sich ausdrücken in unserer Kleidung, unserem Essen, der Gestaltung unseres Zuhauses oder unseres Gartens. Sie kann sich als Malerei, Musik oder Schriftstellerei manifestieren. Mit der Hilfe unseres Engels können wir immer kreativ sein. Dieser Engel bietet uns Inspiration, die tiefsten Tiefen unseres Seins so zu verändern und zu transformieren, daß wir unsere besonderen Talente und unsere Phantasie optimal zum Ausdruck bringen. Er segnet unsere einzigartigen Ausdrucksformen und möchte, daß wir unser Licht auf jede Weise, die uns Vergnügen und Freude bereitet, mitteilen.

Wir beten zum Schutzengel der Kreativität, uns zum Schönen, Ganzen und Echten in uns zu führen und diesem Bewußtsein Ausdruck zu verleihen. Wir bitten um Gnade, unsere Individualität mühelos und mit der Zusicherung mitzuteilen, daß wir, wenn wir unser Selbst ausdrücken, gewiß einen Beitrag zum Wohlergehen all unserer Mitmenschen leisten.

Je mehr wir bereit sind, unseren Wesenskern auszudrücken, desto mehr können wir dazu beitragen, daß dieser Planet schöner und freudvoller wird.

Der Schutzengel des

SPIRITUELLEN WACHSTUMS

Dieser Engel segnet uns, im Licht unserer eigenen Göttlichen Natur zu leben. Er hält eine Kerze mit der Flamme der Erleuchtung hoch und weist uns auf die Lebenslektionen hin, die zum Weg des Herzens führen und uns zu Freude und Freiheit befähigen.

ENGELSREICH **Engel des Himmels der Gestaltung**

ENGELSFUNKTION **Er beschützt unsere wachsende Spiritualität.**

GABEN FÜR DIE ERDE **Er hilft Ihnen, Ihre Spiritualität leuchten zu lassen, die Quelle allen Lebens zu erkennen und das Licht in jedem Ihrer Mitmenschen zu sehen.**

Der vorrangige Zweck unserer irdischen Inkarnation ist unsere Entwicklung zu spirituellen Wesen. Dieser Schutzengel wacht ein Leben lang über unser spirituelles Wachstum und verteidigt unsere Seelen. Er segnet alle Aktivitäten, die unser Wohlergehen fördern, das heißt, die uns Liebe und Achtung einbringen. Er hilft uns zu erkennen, daß wir tatsächlich geliebt und umsorgt werden. Wenn wir Spaß brauchen, ermutigt uns dieser Engel, uns zu amüsieren, vielleicht die Gesellschaft eines guten Freundes zu suchen und eine angenehme Zeit zu verbringen.

Dieser Engel führt uns zu den kleinen Freuden, die uns helfen, auf unsere Bedürfnisse zu achten und uns selbst wertzuschätzen. Er ermutigt uns, unseren Möglichkeiten und unserer Einstellung entsprechende Wege zu beschreiten, die unser Sein erweitern und unterstützen. Seine Führung kann einfach darin bestehen, daß er uns anleitet, langsam zu tun und an einem sonnigen Nachmittag spazierenzugehen oder bei Kerzenlicht ein heißes Bad mit ätherischen Ölen zu nehmen. Unsere Spiritualität blüht auf, wenn wir auf uns achten. Dieser Engel sorgt dafür, daß wir uns Aktivitäten und Menschen aussuchen, die uns in unserem Wachstum und unserer Entfaltung fördern. Er segnet uns mit Liebe, damit wir die Gnade unserer Seele spüren und die Sonne in unser Herz scheinen lassen.

Wir bitten den Schutzengel des spirituellen Wachstums um die Menschen und Bücher, die unserer spirituellen Entwicklung am zuträglichsten sind. Wir bitten vielleicht um Selbstbewußtsein, um uns auf unsere eigenen Gefühle einzustimmen. Wir brauchen vielleicht Ruhe und Frieden, um unsere innere Stimme zu hören und unsere Herzenswünsche zu erfahren. Wir beten, daß die Lehrer spiritueller Wahrheiten ein offenes Herz haben mögen und mit denen, die Führung und Entwicklung suchen, mitfühlen. Wir bitten diesen Engel, die Suchenden und die Meister zu segnen, damit wir erkennen, daß wir alle eins mit der Quelle sind.

Dieser Engel lehrt uns die Bedeutung des Glaubens und ermutigt uns, unseren Glauben an die Güte des Lebens zu bewahren, auch wenn die Dinge im Fluß sind und wir voller Unsicherheiten stecken. Er inspiriert uns, wenn wir Ideen suchen, und führt uns beständig zu der Erkenntnis, daß wir Erscheinungen von Gottes Liebe sind.

Der Schutzengel des

DIENENS

Dieser Engel hält eine Taube, das Symbol für Hilfsbereitschaft. Er segnet alle, die ihre Lebensenergie dafür einsetzen, damit dieser Planet glücklicher und lebenswerter wird. Er bringt all denen das Licht der Göttlichen Gnade, die bereitwillig ihr Leben in den Dienst anderer stellen.

ENGELSREICH **Engel des Himmels der Gestaltung**

ENGELSFUNKTION **Er lehrt uns, wie wir von Herzen geben können.**

GABEN FÜR DIE ERDE **Er hilft Ihnen zu verstehen, was es heißt, anderen zu geben und selbst zu empfangen und die spirituelle Funktion des Dienens zu würdigen.**

Dieser Schutzengel sieht nach uns und segnet all die, die dienen; die Menschen, die in ihrem Herzen das Gefühl haben, sie würden gern dazu beitragen, daß diese Erde für uns alle friedlicher und fruchtbarer wird. Allen, die ernsthaft glauben, daß es das Wichtigste ist, anderen zu mehr Wohlergehen zu verhelfen, bietet dieser Engel Energie, Inspiration, Kontakte und Ressourcen an, damit die anstehenden Aufgaben so gut wie möglich bewältigt werden können.
Diese Akte des Dienens lassen sich unter dem Stichwort Bürger- oder politische Arbeit zusammenfassen oder sind die liebevollen und fürsorglichen Taten von Freiwilligen, Helfern oder Therapeuten. Dazu gehören vielleicht einfach hilfsbereite Menschen, die uns einen persönlichen Gefallen erweisen; jeden, der menschlichen Beistand in der einen oder anderen Form anbietet, kann man als Diener bezeichnen.
Diese Menschen werden von der Anerkennung und Wertschätzung gesegnet, daß ihr Dienst das Leben anderer bereichert. Diese Welt wäre nicht so wunderschön oder gestaltbar ohne den Dienst so vieler Menschen, die ihre Zeit und Energie für jedermanns Wohlbefinden einsetzen.
Wir beten zum Schutzengel des Dienens, uns beim Finden der inneren und äußeren Ressourcen zu helfen, damit wir, so gut wir können, geben, zum Beispiel unseren jungen und alten Menschen helfen, unseren Kirchen und Tempeln dienen und uns für unseren Stadtteil oder unsere Regierung engagieren und Beschlüsse fassen.
Durch Dienen nehmen wir an unserer Gemeinschaft teil und leisten einen wirklichen, dauerhaften Beitrag zum Wohlergehen anderer. Wir bitten um Segen für all die, die irgendwo dienen, damit diese Welt für uns alle lebenswerter wird.

Der Engelsfürst des

SÜDENS

Dieser Engel beherrscht das Element Erde und die psychologische Funktion der Empfindung. Er hält eine Weizengarbe in der Hand, um seine Verbindung mit den Früchten der Erde zu unterstreichen. Er inspiriert uns, umsichtig und bewußt für unseren Planeten und für die Bedürfnisse unseres physischen Körpers zu sorgen.

ENGELSREICH **Engel des Himmels der Gestaltung**

HIMMLISCHE FUNKTION **Er führt und beschützt die Menschen innerhalb seines Reiches.**

GABEN FÜR DIE ERDE **Er hilft Ihnen, sich in Ihrem Körper wohler zu fühlen, Ihre Sinne zu erwecken, Ihre Energie zu erden, damit Sie Ihre Gaben besser zum Ausdruck bringen und Ihre Träume verwirklichen können.**

Dieser Engel führt uns bei allem, wo wir uns in der materiellen Realität erden müssen. Er segnet die Sinne, damit wir die Umwelt in und durch unseren physischen Körper voll erfahren können. Mit dem Element Erde erden wir unsere Spiritualität in der Welt der Gestaltung, und dies befähigt uns, unsere höchsten Hoffnungen zum Ausdruck zu bringen und unsere Träume zu verwirklichen. Zur physischen Gestaltung kreativer Gedanken müssen wir alle Sinne, so gut es geht, für unsere Fähigkeiten einsetzen. Unsere Erdungsenergie verleiht uns Struktur, Stabilität und Sicherheit, so daß wir unser wahres kreatives Wesen verwirklichen können.

Wir bitten den Engelsfürsten des Südens, unsere Sinne zu segnen und uns bei der Materialisierung unserer Träume zu helfen. Dieser Engel segnet uns auch mit körperlichem Wohlbefinden, so daß wir Streß und Spannung abschütteln und Vergnügen besser erleben können. Wenn wir uns körperlich wohl fühlen, verströmen wir positive Energie, die sich auf uns und die Umwelt heilend auswirkt. Wir machen den Planeten zu einem schöneren Ort, wenn wir glücklich sind.

Der Engelsfürst des Südens ermutigt uns, auf den Körper zu hören und uns respektvoll zu behandeln. Das bedeutet, daß wir für uns sorgen und uns sorgsam und überlegt ernähren, kleiden, ausruhen und uns bewegen. Unter der Führung dieses Engels werden wir zu sensiblen Verwaltern des Tempels, in dem der Geist wohnt. Er hilft uns dabei, schädliche, den Körper schwächende Gewohnheiten aufzugeben. Unsere Sinne sind am lebendigsten, wenn wir uns gesunde Nahrung zuführen, Kleidung aus Naturfasern tragen, oft genug Ruhepausen einlegen und uns genügend Bewegung und Raum zugestehen, um wir selbst zu sein. Wir ehren diesen Engel, wenn wir unsere physische Gestalt ehren, und er wiederum segnet uns dafür. Er ermutigt und unterstützt uns bei unseren Bemühungen, uns auf der irdischen Ebene zu erden, zu verwirklichen und mitzuteilen.

Der Engelsfürst des

NORDENS

Dieser Engel beherrscht das Element Luft und die psychologische Funktion des Denkens. Er trägt die Sonne des Bewußtseins, unterstützt alle Bemühungen um klares, präzises Denken und fordert uns auf, das Gleichgewicht zwischen dieser überbeanspruchten Funktion und den anderen drei Funktionen herzustellen.

ENGELSREICH **Engel des Himmels der Gestaltung**

HIMMLISCHE FUNKTION **Er ermutigt die Massen und hilft Weltführern, rational zu denken.**

GABEN FÜR DIE ERDE **Er verhilft Ihnen zu positiven, bejahenden Gedanken und klarem, präzisem Denken, das Sie zu Ihrem Besten und Ihrer größten Freude einsetzen sollen.**

Mit positivem Denken und Verständnis können wir unsere Freiheit und Individualität zum Ausdruck bringen. Dieser Engelsfürst hilft uns, unsere Ideen anderen mitzuteilen und einen rationalen Lebensplan zu entwerfen. Durch Klarheit im Denken können wir mit unserer Energie haushalten und weise handeln.

Wir bitten den Engelsfürsten des Nordens, uns mit Einsicht zu segnen und unser Denken klar zu fokussieren. Wir können auch um Hilfe bitten, unsere Gedanken auszudrücken, so daß sich unsere Ideen klären und für andere leicht verständlich und akzeptabel werden. Dieser Engel hilft uns, schwierige Konzepte zu begreifen. Dazu gehören beispielsweise neue Ideen, die sich schwer einordnen lassen, oder Konzepte, die unserem Glaubenssystem fremd sind. Er hilft uns, offenzubleiben und unsere Vorstellungen vom Leben und vom Universum zu erweitern. Er ebnet uns den Weg, damit wir alles schwer Begreifliche leicht erlernen.

Wir bitten den Engelsfürsten des Nordens um die Fähigkeit, unser negatives Denken in gesunde, positive Gedanken zu verkehren, die hohe Selbstachtung widerspiegeln. Wir bitten um positives, klares Denken, mit dem wir auch in einer ausweglos scheinenden Situation in eine strahlende Zukunft schauen können, die Segen für uns und unsere Lieben bereithält.

Der Engelsfürst des Nordens hilft uns, noch klarer zu denken. Wir können ihn bitten, unser Stirnchakra zu öffnen, damit uns unsere rationalen und begrifflichen Abläufe klar werden. Wir bemühen uns, unser Denken mit Hilfe von hervorragenden Erziehungs- und Lernprogrammen zu fördern. Mit guten, erhebenden Büchern entwickeln wir unsere Begabungen weiter, und dieser Engel unterstützt das einwandfreie Funktionieren unseres Verstandes. Er hilft uns bei unserem fortschreitenden intellektuellen Wachstum und unserer Entwicklung und zeigt uns, wie wir für neue Ideen aufnahmebereit bleiben und gleichzeitig die Wahlmöglichkeiten und Entscheidungen, die wir im Leben treffen, kritisch betrachten.

Der Engelsfürst des OSTENS

Dieser Engel beherrscht das Element Wasser und die psychologische Funktion des Fühlens. Er trägt einen Kelch mit dem Wasser des Lebens und schwebt über dem Meer, das undifferenzierte Emotion repräsentiert. Dieser Engel hilft uns, Gefühle zum Ausdruck zu bringen und Emotionen auszubalancieren.

ENGELSREICH **Engel des Himmels der Gestaltung**

HIMMLISCHE FUNKTION **Er hilft den Massen, sich zu öffnen und ihre Gefühle auszudrücken.**

GABEN FÜR DIE ERDE **Er hilft Ihnen, Ihre Gefühle anzunehmen, Ihr Herz zu öffnen und sich sicher zu fühlen, wenn Sie sich und Ihre innersten Gefühle ausdrücken.**

Gefühle sind eine starke, elementare Kraft, die große emotionale Stürme entfesseln kann. Wenn sie nicht ausgedrückt werden, gären sie und bilden eine eigene unbewußte Anziehungskraft, die irgendwann zum Ausdruck gebracht und freigelassen werden muß. Wenn wir aber für Gefühle offen sind, fließen Emotionen wie Wasser. Wir streben einen Gleichgewichtszustand an, in dem wir uns unserer Gefühle bewußt sind und sie auch ausdrücken können. Wir wollen spüren, was wahr für uns ist, und nicht unsere Lebenskraft in aufgestauten Emotionen unterdrücken. Verdrängter Ärger, Trauer oder Angst lassen uns unvermeidlich in Situationen geraten, die wie ein Magnet wirken können und Gefühle an die Oberfläche zerren. Wenn wir unbewußt sind, meinen wir aufgrund unserer emotionalen Projektionen, wir seien Opfer einer Situation, statt zu erkennen, daß für diese Situation nicht zum Ausdruck gebrachte Emotionen verantwortlich sind.

Der Engelsfürst des Ostens leitet uns helfend an, die Fülle unserer Gefühle zu erfahren und legitime, kreative Ventile für sie zu finden. Er segnet uns jedesmal, wenn wir unsere Emotionen aufrichtig anerkennen, und hilft uns, negative Gefühle in angemessene, kreative Ausdrucksformen umzuwandeln. Er zeigt uns, wie wir Gefühle malen, singen oder tanzen können, damit sie nicht im Unbewußten verschlossen bleiben und Situationen heraufbeschwören, die nur zu mehr Leid führen. Wir können zu diesem Engel beten, um uns mit unseren Gefühlen zu arrangieren und uns nicht in Selbstverurteilung zu verstricken, was auch kommen mag. Wenn wir uns gestatten, Gefühle zu spüren, verbinden wir uns mit den Tiefen unseres Geistes.

Der Engelsfürst des Ostens bietet uns die notwendige Unterstützung und den nötigen Trost, damit wir Gefühle erleben und zum Ausdruck bringen können. Wenn wir das tun, sind wir lebendiger im Fluß des Lebens. Wenn wir Gefühle fließen lassen, beschenken wir uns selbst mit Loslassen und haben mehr Kraft, unser wahres Selbst noch besser auszuleben. Mit jedem Ausdruck von Trauer oder Ärger, den wir anerkennen und in unsere Persönlichkeit integrieren, wachsen wir und werden reifer. Wahre Kraftentfaltung findet nur dann statt, wenn wir unseren Gefühlen Entfaltungsmöglichkeiten bieten. Sie sind nämlich Bestandteil unseres Seins, und dieser Engel möchte, daß wir uns unserer Gefühle sicher sind.

Der Engelsfürst des

WESTENS

Dieser Engel herrscht über das Element Feuer und die psychologische Funktion der Intuition. Er trägt eine Fackel, die intuitive Erleuchtung symbolisiert. Das Feuer der Intuition eröffnet die Kluft zwischen der sichtbaren und der unsichtbaren Welt. Es gewährt uns Zugang zu dem tiefen Wissen, das in unserem Zellgedächtnis verschlossen ist.

ENGELSREICH **Engel des Himmels der Gestaltung**

HIMMLISCHE FUNKTION **Er ermöglicht der Masse Zugang zu den himmlischen Reichen.**

GABEN FÜR DIE ERDE **Er hilft Ihnen, das wahre Wesen von Menschen und Situationen zu verstehen, Ihre Intuition weiterzuentwickeln, auf Ihr inneres Wissen zu vertrauen und das Leben durch andere Dimensionen zu erfahren.**

Intuition ist die Fähigkeit, innere Wahrheiten zu erkennen. Diese nicht-rationale Funktion kommt aus unserem tiefsten Inneren, vermutlich unserer ersten Verständnisstufe. Sie geht dem rationalen Denken voran und ist enger mit der Gefühlsfunktion verbunden. Intuition ist die Fähigkeit, ganz tief in uns zu wissen, daß etwas wahr ist. Sie ist die echteste und in gewisser Hinsicht unmittelbarste Art, die eigene Realität und die anderer zu sehen.

Der Engelsfürst des Westens befähigt uns, Informationen zu sammeln, die wir positiv für Wachstum und Entwicklung nutzen können. Unbewußt setzen wir ständig Intuition ein, um herauszubekommen, ob etwas oder jemand für uns richtig ist oder ob wir in Sicherheit sind. Wir können das Bewußtsein für diese Funktion schärfen, indem wir achtsamer sind und auf unsere innere Stimme hören.

Die Engel teilen sich uns im allgemeinen über Bilder mit, die wir dann rational interpretieren. Aber um die Führung umfassend zu verstehen, die uns von höheren spirituellen Reichen zuteil wird, brauchen wir eine klar konzentrierte Intuition. Wir müssen bewußt die Signale lesen, die unser Verstand aufnimmt, damit wir sie entschlüsseln können.

Wir bitten den Engelsfürsten des Westens, unsere Intuition und unser inneres Wissen größer werden zu lassen und uns bei der Anwendung dieser Gabe zu helfen. Das bedeutet, daß wir gewillt sein müssen, die Projektionen der eigenen Emotionen auf die Menschen und die Umwelt zu erkennen. Solche Projektionen verhindern oft, daß wir eine Situation klar sehen. Wir können den Engelsfürsten des Westens bitten, die Projektionen aus dem Weg zu räumen, damit unser inneres Sehen klar und rein ist.

Klares Sehen und Intuition sind die Gaben von Mystikern, die aber jeder, der diese Art von Wissen anerkennt, entwickeln kann, obwohl sie bis vor gar nicht so langer Zeit in der westlichen Welt nicht besonders hochgeschätzt wurden. Dieser Engel bietet uns die Erkenntnis einer unserer angeborenen Gaben - wir brauchen sie nur anzunehmen.

Der Himmel der Schöpfung

Der Himmel der Schöpfung ist die zweite Ebene der himmlischen Reiche. Wir können uns mit seiner hochsensiblen Energie verbinden, um unsere persönlichen Beziehungen zu erleuchten. Die Engel dieses Reiches sind unter ihren spezifischen Namen Mächte, Tugenden und Herrschaften bekannt. Sie alle helfen uns, einander zu lieben und zu verstehen.

So viele Menschen empfinden Beziehungen als gefahrvoll und belastend. Die Engel des Himmels der Schöpfung helfen dabei, sie leichter zu gestalten, damit das Leben an Bedeutung und Nähe gewinnt. Die Engel möchten uns beibringen, einander so gut wir können zu lieben. Im Inneren hat jeder das Herz eines Engels. Könnten wir davon nur ein bißchen zeigen, so würden wir alle glücklich leben. Die Engel aus dem Himmel der Schöpfung stellen uns die Instrumente zur Verfügung, mit denen wir Beziehungen zum Funktionieren bringen. Sie weisen uns immer darauf hin, wie wir auf gesunde und förderliche Weise als freie und kreative Geister erblühen können.

In Beziehungen haben wir die Gelegenheit, uns selbst kennenzulernen. Sie helfen uns, Grenzen zu akzeptieren, den Horizont zu erweitern und Stärken zu entwickeln. Sie sind das Spiegelbild der Seele. Mit ihnen entdecken wir unseren Selbstwert und die Fähigkeit zu Liebe, Vergnügen und Humor. Sie belehren uns über unsere Integrität oder über die Punkte, wo wir mit anderen Menschen zusammenstoßen.

Beziehungen stellen unsere Prinzipien von Loyalität, Vertrauen und Aufrichtigkeit auf die Probe. Sie helfen uns, unsere Bedürfnisse differenzierter zu formulieren und unsere Ambitionen und Wünsche unter die Lupe zu nehmen. Sie zeigen uns die Höhen und Tiefen unserer Emotionen. Durch Beziehungen lehren uns die Engel etwas über Liebe und Weisheit. Sie bieten uns den Schlüssel zu Freiheit und Vertrauen in einem von Unglück überschatteten Leben und ebnen den Weg, damit wir durch Beziehungen Freude und Vergnügen erfahren. Die Engel wollen, daß wir glücklich, freudvoll und verspielt und rundum erfüllt sind. Sie bieten uns ihren Beistand und ihre Liebe auf der Suche nach Freude an und fördern und schützen unsere Seele, damit wir unsere Freiheit ausleben und unsere kreative Natur voll zum Ausdruck bringen können. Die Engel sind Lebensverbesserer, die unser Wachstum leichter machen, indem sie uns von der unendlichen Macht der Quelle erzählen. Engel erinnern uns daran, daß wir die Freiheit haben, unser Leben so vergnüglich und glücklich zu gestalten, wie wir wollen. Es ist dann an uns, es erfüllend zu gestalten und unsere Dankbarkeit für alles, was uns gegeben wurde, auszusprechen: Denn es gibt keine wahre Heilung ohne Dankbarkeit. Je mehr wir unser Herz öffnen, damit Eigenschaften wie Frieden, Freiheit und Versöhnung einziehen können, desto größer ist unsere Lebendigkeit und unsere Freude.

Die Mächte

Laßt uns den Herrn um einen Engel des Friedens, einen treuen Führer, einen Hüter unserer Seelen und Körper anflehen.

LITURGIE DER ORTHODOXEN KIRCHE DES OSTENS

Die als Mächte bekannten, beschützenden, führenden Engel sind diejenigen, die uns vor allem Frieden, Harmonie und Gelassenheit bringen. Ihre himmlische Aufgabe ist es, unsere Seelen zu behüten, die am besten in einer Atmosphäre der Ruhe und des Friedens gedeihen. Auf unserer Suche nach einem friedvollen Leben helfen uns die Engel, das emotionale Durcheinander des Lebens in Gelassenheit zu verwandeln. Sie wissen, daß wir glücklicher und gesünder sind, wenn wir Frieden in uns selbst und unserer Welt suchen. Dann haben wir die Chance, emotional aufzublühen und zu kreativen Individuen zu werden. Sie lassen jedoch keinen Zweifel daran, daß diese Lebensart unsere freie Entscheidung ist. Sie drängen uns niemals etwas auf, sondern überlassen es uns, aus Lebenskämpfen als ganze und integrierte Menschen hervorzugehen.

Wenn wir uns für Frieden entscheiden, helfen uns die Mächte, alles Gefahrvolle und Dramatische im Leben loszulassen. Sie helfen der Seele, sich friedvoll und sanft zu entfalten, damit wir glücklich sein können. Ein Gebet um Frieden aus dem Evangelium der Essener lautet folgendermaßen:

O Himmlischer Vater!
Bring Deiner Erde die Herrschaft des Friedens!
Dann werden wir uns der Worte dessen besinnen,
der früher die Kinder des Lichts das Gesetz lehrte.
Ich gebe den Frieden deiner Erdenmutter
deinem Körper
und den Frieden deines Himmelsvaters
deinem Geist.
Laß beider Frieden
unter den Menschensöhnen regieren.
Kommt zu mir, all ihr Beschwerten,
und jene, die unter Streit und Elend leiden!
Denn mein Friede wird euch stärken und trösten.
*Mein Friede ist voll überschwenglicher Freude.**

* Zitiert nach Edmond Bordeaux Székely: Das Evangelium der Essener, Bd. 3: Die verlorenen Schriftrollen der Essener, Südergellersen 1988, S. 53. Mit freundlicher Genehmigung des Verlags Bruno Martin.

Die Tugenden

Die Tugenden lehren uns die Freiheitsliebe und die Unantastbarkeit des Glaubens. Ihre himmlische Aufgabe ist es, unsere Gedanken in Materie zu verwandeln. Sie sind das Hauptverbindungsglied in dem Prozeß, den wir Manifestation nennen. Das bedeutet, daß unsere Wünsche und Sehnsüchte durch die feste Absicht, sie zu verwirklichen, in materielle Realität umgewandelt werden können. Damit sich etwas Ersehntes im Alltagsleben manifestieren kann, müssen wir an die Erfüllung unserer Wünsche glauben. Akzeptieren wir, daß etwas zu einer realen Möglichkeit werden kann, und lassen wir die Vorstellung davon los und vertrauen mit ganzem Herzen darauf, dann wird es geschehen, falls es zu unserem Wohl und unserer größten Freude ist. Die Tugenden unterstützen den Prozeß der Manifestation, indem sie Träume Wirklichkeit werden lassen. Sie lehren uns, daß wir uns uneingeschränkt all das wünschen können, was uns unserem Gefühl nach Glück und Vergnügen bringt. Mit ihrer Hilfe entfaltet sich das Leben so, wie wir es gern hätten. Sie erinnern uns daran, wie wichtig es ist, an das Positive zu glauben und kreativ zu denken.

Sie lehren uns Freiheit, Vertrauen und Glauben. Mit ihrer Führung in harten, schwierigen Zeiten lernen wir diese Qualitäten zu schätzen und zu lieben, denn die Engel wissen, daß wahre und dauerhafte Manifestation nur dann wirklich möglich ist, wenn sie die Engel verkörpert.

Wir sind die Freiheit selbst, und doch sind so viele unserer Beziehungen Ausdruck von Verstrickung und Abhängigkeit statt Ausdruck eines entwickelteren und freien Selbst. Wenn wir wachsen, müssen wir uns im Vertrauen in den Lebensprozeß auf das Licht und unsere eigene Individuation zu bewegen. Glauben ist ganz wesentlich, um zu erkennen, daß alles möglich ist und wir wirklich beschützt und geleitet werden.

Die Herrschaften

Die Engel preisen das Lob ihres Herrn und bitten um Vergebung für die Bewohner der Erde.

Koran XLII, 5

Die Herrschaften bieten der Menschheit die Eigenschaft der Gnade. Sie helfen uns, uns mit der Vergangenheit auszusöhnen und Vergebung im Herzen zu finden. Sie bringen auch die Gabe der Weisheit und ermöglichen so ein Leben im Zustand der Gnade. Sie helfen uns, ganz in der Gegenwart zu leben, indem sie die störende Energie vergangener gegenseitiger Beschuldigungen loslassen, die schwer auf uns lastet und unsere kreative Kraft behindern kann.
Die Herrschaften sind sehr lichtvolle, sehr sensible Engel. Sie wissen, daß für die meisten von uns Vergebung oft zu den schwierigsten Dingen gehört, die von uns verlangt werden. Wo – manchmal über Generationen hinweg – großes Leid herrschte, haben sich Haß und Schmerz in uns eingegraben. Diese göttlichen Geister überreden uns immer wieder sanft, die Fesseln der Negativität zu lösen. Liebevoll erleichtern sie die Last des Leidens und ermöglichen uns, die Vergangenheit loszulassen und erfüllter den jetzigen Augenblick zu erleben.

Die Mächte: Der Engel des
FRIEDENS

Dieser Engel verkörpert die Segnungen des Friedens. Der weite Umhang hüllt ihn in himmlischen Frieden. Die fliegenden Tauben symbolisieren sowohl das Loslassen unserer Urängste als auch die Wohltaten des Friedens, wozu auch Ruhe und Zufriedenheit gehören.

ENGELSREICH Engel des Himmels der Schöpfung

HIMMLISCHE FUNKTION Er führt unsere Seelen zum Frieden.

GABEN FÜR DIE ERDE Er hilft uns, widerstreitende Kräfte im Leben zu vereinen, Lösungen für Konflikte und Widersprüche zu finden und in Frieden mit uns selbst zu leben.

Der Engel des Friedens kanalisiert die Energie, die wir zur Lösung von Konflikten und Widersprüchen brauchen. Er hilft uns, im Einklang mit unseren Bedürfnissen und Wünschen zu leben, indem er uns die Chance zu friedvoller Entfaltung gibt. Dieser Engel ebnet den Weg zum Frieden, damit wir Liebe finden und uns selbst akzeptieren können. In Frieden können wir in Harmonie mit den natürlichen Rhythmen und Zyklen leben und unsere potentiellen Gaben und Fähigkeiten respektieren.

Haben wir erst einmal die Überlebensängste abgelegt, so lernen wir allmählich, auf das Gute im Leben zu vertrauen. Viele von uns erreichen dieses Entwicklungsstadium mit zunehmender Reife und nach heftigen Krisen, Schmerz oder Verlust und stellen am Ende fest, daß ihr innerer Wesenskern unversehrt und völlig intakt ist. Im Kern sind wir reiner Frieden, der nicht durch äußere Umstände zerstört werden kann. Wir können uns dazu entscheiden, uns mit diesem Teil unserer selbst zu identifizieren, wenn wir unser Herz dem Engel des Friedens öffnen.

Wenn wir die inneren Konflikte erst einmal bewältigt haben, gewinnt das Leben nach und nach eine tiefere Bedeutung von Frieden und Ordnung, die uns als die einzigartigen und kreativen Wesen erblühen läßt, die wir sind. Erst wenn wir „befriedet" sind, können wir wahrhaft kreativ sein. Andernfalls inszenieren wir nur die schmerzlichen Verletzungen unseres Lebens immer wieder neu.

Wir bitten den Engel des Friedens, unserem Planeten, unserer Familie, unseren Freunden und vor allem uns selbst Frieden zu bringen, damit wir die Dilemmata und Widersprüche auflösen, mit denen wir konfrontiert werden. Auf diese Weise finden wir schließlich Ruhe in der Gewißheit, daß wir ein lebendiger Teil der Schöpfung sind und eine wichtige, bedeutungsvolle Rolle darin spielen sollen.

Wir rufen diesen Engel um Frieden im Geist, im Herzen und in der Seele an, wenn wir innerlich stiller werden und auf äußere Konflikte um uns herum weniger reagieren. Er führt uns in förderliche Situationen und zu Menschen, die uns in Frieden leben lassen. Dieser Friede ist ewig und aufbauend und ist uns eine Stütze, wann immer wir sie benötigen. Der Engel des Friedens bietet uns seine Gaben immer dann an, wenn wir gestreßt und angespannt sind. Er hüllt uns in einen behaglichen Umhang, damit wir in Frieden mit uns selbst leben.

Die Mächte: Der Engel der

GELASSENHEIT

Der Engel der Gelassenheit trägt die Taube, das Symbol der Gelassenheit im Leben. Seine ruhige Haltung erinnert an seine Gaben für uns, Ruhe und Frieden. Gelassenheit ist ein Segen, mit dem wir uns sicher und behaglich fühlen können. Mit dieser Gabe haben wir Aussicht auf ein ertragreiches Leben.

ENGELSREICH **Engel des Himmels der Schöpfung**

HIMMLISCHE FUNKTION **Er schenkt unseren Seelen Gelassenheit.**

GABEN FÜR DIE ERDE **Er hilft uns, ein Leben in Gelassenheit zu führen, Lösungen für Konflikte und ungetrübtes Glück mit uns selbst zu finden.**

Der Engel der Gelassenheit tanzt mit uns bei den täglichen Kämpfen und Konflikten. Er wünscht uns unbeschwerte Gelassenheit und regt oft unsere Träume an, damit wir uns das Leben so vorstellen, wie es sein könnte: Wir müßten uns nur trauen, aus uns selbst heraus zu leben. Dieser Engel fordert uns immer wieder auf, uns aus Kampf und Konflikt zurückzuziehen. Dies geschieht, indem wir unsere Einstellung verändern und unsere Ansichten über eine Situation oder Person neu überdenken.

Die Gabe der Gelassenheit stellt sich ein, wenn wir unsere Kämpfe und unsere Negativität aufgegeben haben. Unsere Gelassenheit mag zwar hin und wieder erschüttert werden, aber haben wir sie erst einmal erfahren, so wollen wir sie im Leben nicht mehr missen. Vielleicht versuchen wir diesen Zustand durch spirituelle und esoterische Übungen zu erreichen. Im Grunde ist Gelassenheit genauso wie Frieden immer für uns da, wenn wir unser Lebenstempo so weit zurücknehmen, daß wir unsere Gefühle spüren und uns auf das Einssein mit der Quelle einstimmen können. Wir können diesen Engel darum bitten, uns ein bißchen Gelassenheit zuteil werden zu lassen, damit wir die Korrekturen und Veränderungen vornehmen können, die für ein Leben von innen heraus notwendig sind.

Gelassenheit bedeutet, den Kampf aufzugeben und das Ego loszulassen, um wirklich in Einklang mit unserem Höheren Selbst zu leben. Wir können den Engel bitten, diesen spirituellen Zustand zu erreichen – dazu müssen wir wissen, daß das Universum ein gütiger und sicherer Ort ist und wir wirklich hierhergehören. Wenn wir unser Einssein mit der Quelle annehmen, können wir in Zeiten von Krisen, Veränderungen und Verlusten gelassen sein. Zu dieser Eigenschaft gehört die spirituelle Haltung, daß alles so ist, wie es sein sollte, und daß wir am richtigen Ort sind und das Richtige tun. Das bedeutet, Denk- und Verhaltensmuster aufzugeben, die unserem Glück im Weg stehen, und emotionalen Schmerz loszulassen, der uns das Leben qual- und gefahrenvoll erscheinen läßt.

Ein Gebet an den Engel der Gelassenheit öffnet den Kanal, damit diese Manifestation von Gottes Liebe unser Leben durchdringen kann. Mit ihr können wir tief und erfüllt von innen heraus leben, ohne daß uns schwierige Umstände erschüttern. Wir bitten um Hilfe, der Gelassenheit die Hindernisse im Leben aus dem Weg zu räumen. Wir können den Engel auch bitten, uns spüren zu lassen, daß wir ein Leben in Gelassenheit verdient haben, damit wir unseren Zweck unbeschwert und leicht erfüllen können.

Die Mächte: Der Engel der

HARMONIE

Den Engel der Harmonie umschwirren die schönsten Vögel der Luft, die sich um das Heiligtum seines friedvollen Geistes scharen. Als Symbole blühender Eintracht zeigen die Singvögel das Gespür für Harmonie, die uns gute Beziehungen vermitteln können.

ENGELSREICH **Engel des Himmels der Schöpfung**

ENGELSFUNKTION **Er läßt unsere Seelen in Harmonie ruhen.**

GABEN FÜR DIE ERDE **Er hilft uns, ein harmonisches Leben zu führen, nach harmonischen Menschen und Orten zu suchen und uns harmonisch auszudrücken.**

Der Engel der Harmonie teilt seine Gnade mit uns, wenn wir uns für ein harmonisches Leben entscheiden. Dazu gehören viele Dinge: ein physischer Aspekt, den wir beispielsweise in unserer Umgebung finden, und ein emotionaler Zustand, der den Grad der Offenheit, Aufrichtigkeit und Integrität im Leben widerspiegelt. Wir leben unter anderem dann in Harmonie, wenn wir unsere Abhängigkeit auf der Erde akzeptieren, die uns ernährt und am Leben erhält. Wir sind in Harmonie mit unseren Gefühlen, wenn wir ihnen Raum geben, für uns real zu sein.

Mit uns selbst in Harmonie zu leben bedeutet, unsere eigenen besonderen Gaben zu ehren. Wenn wir in Harmonie mit der universellen Wahrheit leben, versuchen wir, unser Bestes zu geben und mit offenem Herzen zu empfangen. In Harmonie zu leben ist ein momentaner energetischer Zustand, von dem aus wir das Leben als ungehindert fließend erleben können. Das bedeutet, daß wir unseren Körper gut und gesund ernähren und jeglichen Mißbrauch vermeiden. Wir brauchen regelmäßig ausreichend Ruhepausen und Erholung und eine kreative und zugleich emotional befriedigende Arbeit. Vergnügen, Ausruhen, gute Freunde, Schönheit und spirituelle Anregung sind lebensnotwendige Bestandteile eines wirklich harmonischen Lebens.

Ein Leben in Harmonie mit unserem tiefen inneren Wesen heißt, in Einklang mit universellen Wahrheiten zu leben. Diese Wahrheiten gibt es in allen Religionen, und sie werden von allen Kulturen seit Urzeiten akzeptiert. Auf ihnen basiert ein ethischer Kodex, der die Würde des einzelnen respektiert.

Wir leben in Harmonie, wenn wir die Vergangenheit loslassen und unsere Negativität verabschieden. An negativer Energie festzuhalten schafft die Grundlage für Zwietracht und löst Krankheiten aus. Letztlich ist unser Herz von Dankbarkeit für all das Gute erfüllt, das uns gegeben wurde. Dankbarkeit gibt uns immer das Gefühl, daß wir in Harmonie leben.

Wir können uns an den Engel der Harmonie wenden, um den richtigen Weg zur Harmonie zu finden, und um Beistand bitten, um alles zu ehren, was wir für ein freudvolleres und kreativeres Leben benötigen. Harmonie ist ein Gleichgewicht zwischen der spirituellen, der emotionalen und der physischen Ebene.

Die Tugenden: Der Engel der

FREIHEIT

Der Engel der Freiheit ist mit einer schönen Stola abgebildet, die im Wind flattert, ein Symbol für die fließende Lebensenergie. Dieser Engel wacht über die Welt, schützt unsere Freiheit und hütet so das Recht des Geistes, Unabhängigkeit und Kreativität auszuleben.

ENGELSREICH **Engel des Himmels der Schöpfung**

ENGELSFUNKTION **Er räumt aus dem Weg, was der Freiheit hinderlich ist.**

GABEN FÜR DIE ERDE **Er hilft uns, unsere Freiheit zu finden, ihren Stellenwert im Leben zu schätzen, sie in unseren mannigfaltigen Beziehungen in Ehren zu halten.**

Mit dem Segen des Engels der Freiheit verwirklichen wir die Freiheit des göttlichen Geistes in uns. Er hat unzählige Gaben zu bieten, wenn wir die Freiheit zu einem Bestandteil unseres Lebens werden lassen. Wir brauchen uns nur zu wünschen, unsere Freiheit zu erfahren, dann lernen wir sie mit seiner Hilfe in allen Facetten kennen und erkennen, daß Freiheit ist, wer wir sind.

Die Freiheit hat viele Aspekte. Dieser Engel zeigt uns die zahlreichen Wege, wie wir diese Gabe mitteilen können. Das kann Freiheit von den Zwängen der irdischen Existenz bedeuten oder eine tiefgehende Erfahrung unseres Wesenskerns – das ist eher ein Bewußtseinszustand als eine Aktion. Dieser Engel bringt uns nicht Freiheit *von* etwas zu Bewußtsein, sondern Freiheit, wir selbst zu sein. Vielleicht müssen als Folge davon überprüfen, ob wir Bedürfnisse mitteilen oder für uns selbst sprechen können, damit uns der Sprung in die Freiheit leichter fällt.

Manchmal bekommen wir die Gabe der Freiheit vor die Füße geworfen, bevor wir bewußt bereit dafür sind, und dann brauchen wir eine Weile, um diese Erfahrung zu verarbeiten und die alten Muster loszulassen, die uns an vorgefaßte Lebensvorstellungen binden. Wir haben immer die Freiheit zu entscheiden, wie wir durchs Leben gehen wollen: alten Vorstellungen verhaftet oder offen für die unbegrenzten Möglichkeiten des Selbstausdrucks. Je mehr Freiheit wir uns zugestehen, desto freudvoller und grenzenloser wird unser Entfaltungsspielraum. Wir bitten den Engel der Freiheit, die Hindernisse beiseite zu räumen, die unsere Selbstentfaltung, Gesundheit und Freude behindern. Wir bitten um die Fähigkeit, mit der Freiheit sorgsam umzugehen und sie nicht selbstzerstörerisch einzusetzen. Wir bitten darum, daß sich Menschen überall für die Gabe der Freiheit entscheiden dürfen.

Dieser Engel wirkt im verborgenen, um uns zu ermutigen. Er sendet uns Licht und Mut, damit wir unsere Sehnsucht nach Freiheit befriedigen können. Er ist uns nie fern, wenn wir auf unserem Pfad nach Wachstum und Entwicklung streben. Er hilft uns, dieses Bewußtsein aus den Tiefen der Seele als freie Geister zu schöpfen, die es wert sind, sich selbst zu verwirklichen.

Die Tugenden: Der Engel des
VERTRAUENS

Der Engel des Vertrauens ist mit der Stola abgebildet, die er als Augenbinde verwendet. Wenn unsere Augen verbunden sind, müssen wir uns und Gott vertrauen. Wir wissen, daß wir von diesem Schutzengel behütet werden, der uns über Zeit und weltliche Angelegenheiten hinweg seine Hände reicht und großzügig Güte anbietet.

ENGELSREICH **Engel des Himmels der Schöpfung**

ENGELSFUNKTION **Er öffnet Herz und Verstand, damit wir auf die Güte des Lebens vertrauen.**

GABEN FÜR DIE ERDE **Er hilft uns, Vertrauen in uns selbst zu erlernen, dem Leben und allem, was es bietet, zu vertrauen und zu lernen, anderen Menschen zu vertrauen.**

Der Engel des Vertrauens arbeitet mit unserem Höheren Selbst, damit wir lernen, dem Leben vertrauensvoll gegenüberzustehen. Dieses Vertrauen kann sich zeigen, wenn wir unschlüssig sind, zwischen Negativität, Zynismus oder Destruktivität hin- und hergerissen sind, aber positiv sein wollen und daran glauben, daß unser höchstes Wohl und unsere größte Freude erfüllt werden.

Dieser Engel bietet uns die wichtige und notwendige Geistesliebe, damit wir vertrauen und das Leben wirklich bejahen können. Vertrauen verändert die Erfahrungen im Leben. Vertrauen zu können gehört wesentlich zu Glück und Unbeschwertheit, andernfalls ist unsere Energie durch Mißtrauen, Zweifel und Furcht gebunden. Vertrauen gibt uns den Mut, vorwärtszuschreiten oder etwas zu wagen, wozu wir nicht imstande wären, wenn uns diese eine, für Wachstum und Spiritualität so lebenswichtige Komponente fehlte.

Der Engel des Vertrauens hilft jedem von uns, seine Erfahrungen zu schätzen und seinen Wahrnehmungen zu trauen. Nur wenn wir auf unsere innere Weisheit hören, können wir Vertrauen entwickeln, das für ein Vorwärtskommen im Leben so dringend nötig ist. Wenn wir lernen, auf die Güte des Lebens zu vertrauen, haben wir eine freudvollere Zeit und wertvollere Kontakte zu anderen.

Obwohl es merkwürdig klingen mag, spiegelt sich Vertrauen in all unseren Entscheidungen wider, angefangen bei Beziehungen bis hin zu Beruf und Karriere, und sogar in der Art unserer Kleidung. Fehlt uns Vertrauen, so tragen wir immer einen Schirm und wählen die sicherste, risikoloseste Art, etwas zu tun, weil wir Angst vor Verletzungen haben oder davor, Fehler zu machen. Nur wenn wir Risiken wagen, für unsere Gefühle eintreten und unserem inneren Gespür für Richtig und Falsch vertrauen, werden wir schließlich ein Gefühl für Lebenskunst entwickeln.

Wir bitten diesen Engel um seinen Beistand, damit wir unserem inneren Gespür für Wissen trauen, gegenseitiges Vertrauen entwickeln und uns sicher fühlen, wenn wir unsere Liebe und Fürsorge füreinander ausdrücken. Dieser Engel möchte, daß wir gesunde, hilfreiche Lebenserfahrungen machen. Nichts untergräbt uns mehr als Hinterhältigkeit und Betrug.

Die Tugenden: Der Engel des

GLAUBENS

Der Engel des Glaubens steht gelassen da, denn er weiß, daß Glaube unvergänglich ist. Die heilige Stola, Symbol für seinen Schutz in den Wirren des Lebens, hüllt uns in tiefen Glauben ein. Der Engel erinnert uns daran, was von uns verlangt wird, wenn wir den Glauben bewahren.

ENGELSREICH **Engel des Himmels der Schöpfung**

ENGELSFUNKTION **Er hilft der Menschheit, den Glauben an Gott und Seine Engel zu finden.**

GABEN FÜR DIE ERDE **Er hilft uns, in schwierigen Situationen zu glauben, unseren Glauben an die Güte des Lebens zum Ausdruck zu bringen und den Glauben unser Leitlicht im Leben sein zu lassen.**

Wir merken vielleicht, daß wir unter dem Gewicht der Lebensprüfungen den Glauben finden können, daß sich alles fügen wird. Dieser Glaube unterstützt uns in schweren Zeiten. Vielleicht stolpern wir manchmal auf dem Weg und kommen davon ab, aber der Glaube, daß alles letztendlich zu unserem Besten geschieht, kann uns über Zweifel und Verzweiflung erheben. Glaube ist die Überzeugung, daß alles, worum Sie Gott bitten, schon auf dem Weg zu Ihnen ist. Glaube bedeutet, Unsicherheit zu akzeptieren, und er ist die feste Überzeugung, daß sich am Schluß alles fügen wird.

Abgesehen von Krisenzeiten, fehlen uns in dieser Zeit der Augenblicksbefriedigung die Möglichkeiten, unseren Glauben auszudrücken. Glauben ist etwas, das nur wir für uns selbst entwickeln können; niemand kann ihn uns vermitteln oder uns sagen, wie man ihn fördert. Andere können uns davon erzählen und von ihren eigenen Erfahrungen berichten, aber im wesentlichen kommt er zu jedem von uns aus einer tiefen Verbindung mit uns selbst.

Das Leben ist wirklich ganz einfach, wenn wir glauben. Wir können unserem Herzen folgen und ein engagiertes, sinnvolles Leben führen in dem Glauben, daß wir einen Plan erfüllen. Wir erheben uns über unser beschränktes Ego und glauben daran, daß das Universum gütig und liebevoll ist und wir Teil des Katalysators sind, der die Welt verbessert.

Glauben hilft uns, geduldig auf das Licht zu warten, wenn wir nur Finsternis vor uns sehen. Zum Leben gehört auch der Glaube daran, daß unsere Bestimmung, wie immer sie geartet sein mag, die richtige für uns ist. Glaube ist das stetig wachsende Wissen, daß wir allezeit geführt, geliebt und beschützt werden. Wir brauchen uns nur dieser Liebe hinzugeben, damit sich der Sinn unseres Lebens erfüllt.

Wir bitten den Engel des Glaubens, unseren Glauben an den Lebensprozeß zu erneuern. Er hilft uns, das zu akzeptieren, was wir nicht ändern können, sowie alles, woran wir im Leben zu knabbern haben und worin wir uns verbessern sollen. Letztlich hilft er uns über bewegte, schwierige Übergangszeiten hinweg, und mit seiner Hilfe erneuern wir die Liebe zu uns selbst und zur Menschheit. Der Engel des Glaubens hilft uns, die Kluft zwischen diesem materiellen irdischen Leben und der spirituellen Ebene zu überbrücken.

Die Herrschaften: Der Engel der

VERSÖHNUNG

Dieser Engel hält eine Lilie, die hier Symbol für Versöhnung ist. Er bietet den Bedürftigen Hoffnung und Trost an. Der Engel schenkt uns Frieden und Weisheit, die wir zur Versöhnung brauchen. Er bringt die neue Dämmerung des Bewußtseins, wenn wir unser Leben noch einmal von neuem beginnen und magisch im gegenwärtigen Augenblick leben.

ENGELSREICH **Engel des Himmels der Schöpfung**

ENGELSFUNKTION **Er soll uns mit dem Licht versöhnen.**

GABEN FÜR DIE ERDE **Er hilft uns, schmerzhafte Verletzungen loszulassen, die unsere Lebenssichtweise verzerren; er bringt uns voller in den gegenwärtigen Lebensfluß und hilft uns, unsere Herzen für das Gute zu öffnen.**

Der Engel der Versöhnung bietet uns die Gelegenheit, das alte, nutzlose Gepäck unserer Vergangenheit zu sichten. Wenn wir uns mit ihr aussöhnen, lassen wir Trauer, Verletzungen und Groll los, die unsere Energie blockieren und uns belasten. Wir brauchen unsere Lebenskraft für ein Leben in der Gegenwart, nicht um unser Leben in altem Ärger zu ersticken.

Mit der Hilfe des Engels der Versöhnung integrieren wir unsere Vergangenheit in unsere Gegenwartsrealität und erkennen spirituelle Wahrheiten, so daß wir aus der Vergangenheit lernen können. So kann alles Schmerzvolle im Leben wieder als ein positiver Schritt hin zu Wachstum betrachtet werden – auch die brutalste Erfahrung.

Dieser Engel erleichtert immer den Übergang von der Vergangenheit in die Gegenwart. Er bietet uns immer wieder die Chance, die Dinge so zu akzeptieren, wie sie sind. Ob es etwas war, das wir anderen oder uns antaten oder das uns zustieß – dieser Engel hilft uns, uns mit der Vergangenheit auszusöhnen. Sie loszulassen erlöst unseren Geist. Der Engel setzt die Energie frei, die wir eingesetzt haben, um unsere Gefühle auf vergangene Situationen, Menschen und Ereignisse zu projizieren. Wenn uns Trauer, schmerzlicher Verlust, Groll oder Verbitterung hemmen, zerstören wir eigentlich die Lebenskraft und den Genuß des gegenwärtigen Jetzt. Die Vergangenheit ist ein Trittbrett zu Ganzheit, wenn wir uns entscheiden, es so zu sehen.

Wir bitten den Engel der Versöhnung darum, uns die Vergangenheit so akzeptieren zu lassen, wie sie war, und unsere negativen Vorstellungen darüber, wie sie hätte sein sollen, aufzugeben. Wir können darum bitten, durch vergangene Erfahrungen zu im Geist gesunden Menschen zu werden, die sich über den Augenblick freuen können. Dann erfahren wir Vergnügen und Weisheit.

Wir bitten diesen Engel, uns zu zeigen, wie wir unsere Vergangenheit in die lebendige, freudvolle und erfüllte Gegenwart integrieren können. Wir bitten um Führung dabei, die Vergangenheit loszulassen und zu akzeptieren, daß wir immer wieder neu beginnen können. Versöhnung heißt nicht, etwas Unveränderliches zu verändern. Es geht vielmehr darum, die Vergangenheit anders zu sehen und jetzt durch die positive Entscheidung für ein angenehmes Leben Kraft zu gewinnen.

Die Herrschaften: Der Engel der

BARMHERZIGKEIT

Mit seinen reichen Gewändern hüllt uns dieser Engel in den Segen der Barmherzigkeit ein, wenn wir schwach sind. Allen, die kämpfen, bringt er Hoffnung und Beistand und erneuert unseren Glauben an Gottes allumfassende Gnade. Die Lilie ist ein universelles Symbol der Reinheit und Wahrheit.

ENGELSREICH **Engel des Himmels der Schöpfung**

ENGELSFUNKTION **Er bringt Gnade in unser Leben.**

GABEN FÜR DIE ERDE **Er hilft uns, Gottes Liebe zur Menschheit zu verstehen, uns bewußt zu machen, daß wir beschützt und geführt werden, und dankbar für die Segnungen im Leben zu sein.**

Der Engel der Barmherzigkeit bietet uns die Liebe Gottes als lebendige Realität an. Wenn wir in einer unerträglichen Situation stecken und die Energie oder die Umstände ändern sich plötzlich, werden wir vom Engel der Barmherzigkeit gesegnet. Er hilft uns fortwährend, unsere Gedanken und Einstellungen um die Hilfe der göttlichen Barmherzigkeit kreisen zu lassen.

Gnade erleben wir in kleinen, subtilen Dosen. Sie kommt beispielsweise in Form eines freundlichen Telefonanrufs, wenn wir verzweifelt sind, oder jemand gibt uns liebevoll wieder neue Zuversicht, wenn wir unsicher sind. Sie könnte sich in so vielen Situationen entfalten, die wir nicht kontrollieren oder die wir mit dem bewußten Verstand nicht erfassen können. Beispielsweise könnten wir einer Person begegnen, die unser Leben verändert, oder für eine Stelle oder einen Studienkurs angenommen oder abgelehnt werden. Denken wir darüber nach, so fallen uns allmählich die erstaunlichen Konsequenzen auf, die dieser Wendepunkt in unserem Leben auslöste. Das kann man in der rationalen Welt reinen Zufall nennen – ich jedoch nehme dies lieber als Geschenk des Engels der Barmherzigkeit an, der an einem erfüllten Leben für uns arbeitet.

Dieses Bewußtsein, daß ein Engel uns führt und helfend eingreift, vermittelt uns ein Verständnis für das Nicht-Tun. Das bedeutet, daß wir uns nicht abzumühen und anzutreiben brauchen oder uns hart bestrafen sollen, weil etwas nicht so funktioniert, wie wir wollten. Mit dem Vertrauen auf die göttliche Gnade als eine Gabe der Engel können wir voll am Lebensprozeß teilnehmen.

Wir können den Engel der Barmherzigkeit darum bitten, in unserem Leben aktiv zu werden. Ohne unsere Lebensumstände kontrollieren zu wollen, können wir annehmen, daß uns immerfort Gnade zuteil wird und wir uns der Quelle hingeben können. Wir können die Gabe der Gnade annehmen, indem wir liebevoll und sanft mit uns und anderen umgehen. Wenn wir uns der Gnade nicht bewußt sind, dominieren und kontrollieren wir, pfuschen anderen ins Handwerk, leben aus unserem Ego und sind anfällig für Konflikte. Der Weg des Annehmens bietet uns Gnade als Gabe bedingungsloser Liebe. Gnade führt uns durch die rauhen Zeiten im Leben zu neuen Bewußtseinsebenen, wo wir voller im Licht göttlicher Liebe leben können.

Die Herrschaften: Der Engel der

VERGEBUNG

Dieser Engel ist mit der Lilie der Reinheit abgebildet, die er für jene segnet, die um Vergebung bitten. Wenn wir anderen vergeben, entsteht Brüderlichkeit von selbst. Vergebung bedeutet, die Tränen vergangener Verletzungen, Wut und alten Groll loszulassen, um mit der Liebe der Engel im Hier und Jetzt zu leben.

ENGELSREICH **Engel des Himmels der Schöpfung**

ENGELSFUNKTION **Er soll uns helfen, zu vergeben und die Vergangenheit loszulassen.**

GABEN FÜR DIE ERDE **Er hilft uns, uns zu respektieren und Kraft daraus zu schöpfen, wenn wir anderen vergeben; in der Gegenwart zu leben, wenn wir der Vergangenheit vergeben, und Raum für Nähe zu schaffen, damit wir aufblühen, wenn wir anderen vergeben.**

Der Engel der Vergebung ermutigt uns dazu, vergangene Verletzungen und Groll in einem neuen Licht zu sehen. Wir gewinnen mehr Selbstachtung und Weisheit, wenn wir die Vergangenheit loslassen und jenen vergeben, die uns weh getan haben. Andernfalls halten wir uns für Opfer, die keine Möglichkeit haben, ihr Leben zu verändern.

Vergebung bedeutet nicht, über böses Verhalten hinwegzusehen oder Menschen, die uns schlecht behandelt haben, unbedingt mögen zu müssen. Es heißt jedoch, daß wir, wenn wir anderen vergeben, unseren Ärger und Groll loslassen. Durch Vergebung wird unser Geist leicht, und wir fühlen uns gut. Ohne das können wir nicht wirklich stark werden: Wir würden weiterhin glauben, daß andere uns Unrecht getan haben, und diesen Groll würden wir immer mit uns herumtragen. Das frißt an unserem Inneren, aus diesem Stoff sind Krankheiten gemacht. Wir begehen Mißbrauch und Ungerechtigkeit gegen uns, wenn wir unsere negativen Gefühle mit uns herumschleppen.

Vergebung befreit uns und hilft uns, uns auf einer höheren Ebene mit anderen zu verbinden. Vielleicht brauchen wir Hilfe, um zu vergeben, und der Engel der Vergebung bietet uns die Gnade, Zärtlichkeit in unserem Herzen zu finden und den Mut, um Beistand zu bitten, wenn Vergebung zu erschreckend erscheint.

Vergebung hilft uns, für Heilung und Liebe aufnahmefähig zu sein. Wenn wir vergeben, achten wir uns selbst mehr, weil die wahre Macht nämlich in uns selbst liegt. Wir sagen damit, daß wir nicht länger Opfer von Mißbrauch, Verrat oder jeder anderen Form von Negativität sein wollen, die unserem Glück im Weg steht. Wie Anerkennung hilft uns auch Vergebung, zu glücklichen, gesunden Menschen zu werden.

Wir können den Engel der Vergebung bitten, uns zu zeigen, wie wir Tadel und Verletzungen loslassen. Nur unsere Bereitschaft, uns der Last der Negativität zu entledigen, löst den Heilungsprozeß aus. Dieses Loslassen gibt uns die Chance, andere Bereiche des Lebens zu klären, in denen es verborgenen Groll und Traurigkeit gibt, die unsere Freude blockieren. Wenn wir den Engel der Vergebung um seine Hilfe bitten, damit wir unsere Negativität loslassen können, ermöglichen wir den Heilungsprozeß.

DER HIMMEL DES PARADIESES

Wir kommen nun zu der Himmelsstufe, die der Göttlichen Gegenwart am nächsten steht. Dort liefern wir unser Ich der bedingungslosen Liebe Gottes und Seiner Engel aus. Unsere Seelen sind hier vereint, eingestellt auf die göttliche Weisheit und Liebe. Innerhalb dieses Reiches leben wir aus der Realität unserer Herzen, wo es keine Trennung zwischen unserem und Gottes Willen gibt. Auf dieser Stufe bewegen wir uns jenseits von Konflikt, Trennung und Zweifel.

Der Himmel des Paradieses ist das Reich der Glückseligkeit und reinen Freude. Hier geschieht Schöpfung mühelos, und unsere menschlichen Erfahrungen sind harmonisch und umfassend. Hier gibt es kein Durcheinander, keinen Überlebenskampf, weil der Geist irdische Kämpfe transzendiert hat.

Im Himmel der Gestaltung boten uns die Engel Hilfe für unser Leben auf physischer Ebene an. Auf dieser ersten Stufe wendeten wir Unheil ab, überwanden Gefahren und sagten uns von Negativität los. Die Erzengel zeigten uns den Weg zu Heilung und den evolutionären Pfad zu ganzheitlichem Sein. Unsere Schutzengel geleiteten uns durch die Reife- und Wachstumszyklen.

Dann richteten wir unsere Energien auf unsere Beziehungen, ließen unseren Geist sich stärken, indem wir unsere Gedanken und Einstellungen klärten und blockierte und negative Gefühle losließen. Wir kommen nun zu dem Ort in den himmlischen Sphären, wo Liebe und Weisheit herrschen und wir sanft und behutsam dazu angeleitet werden, uns mit der Quelle in uns zu verbinden. Je näher wir der Quelle kommen, desto mehr wird uns bewußt, daß sie nicht von uns getrennt ist – wir sind tatsächlich eins mit ihr.

Wir erfahren das völlige Einssein der Quelle in allen Dingen. Wir sind nicht nur Zeuge der Schöpfung, sondern Teil der Herrlichkeit, die diese Verbundenheit und dieses Einssein ausdrückt.

In diesem Himmel materialisieren sich unsere Träume, denn dies ist das Reich der Wunder. Hier bringt Kreativität beständig die Kraft und die Herrlichkeit des Göttlichen zum Ausdruck. Die Engel dieses Himmels halten für uns die größten Gaben, Liebe und Weisheit, bereit. Wenn wir unser Herz öffnen, werden wir von der Freude über Gottes Liebe zu uns überströmt und stimmen uns ein, um Mit-Schöpfer mit der Quelle zu werden. Auf dieser Stufe arbeiten wir mit den Engeln zusammen.

Die drei Arten von Engeln im Himmel des Paradieses sind die Seraphim, die Cherubim und die Ophanim, besser bekannt als die Throne, weil sie dem Thron des Göttlichen am nächsten sitzen.

Die Seraphim

Die Engel, die die Schöpfer und Verwalter sind,
die Gestalter und Aufseher,
die Wächter und Erhalter der reichhaltigen Erde
und aller Schöpfungen des Himmelsvaters.
Wir rufen euch an,
ihr guten, ihr starken, ihr wohltätigen
Engel des Himmelsvaters und der Erdenmutter!
Jene des Lichts!
Jene des Himmels!
Jene des Wassers!
Jene der Erde!
Jene der Pflanzen!
Jene der Kinder des Lichts!
Jene der ewigen heiligen Schöpfung!
Wir verehren die Engel,
die als erste den Gedanken und Lehren
des Himmelsvaters lauschten,
womit sie die Samen der Nationen formten.

Evangelium der Essener*

Die Seraphim werden dem eigentlichen Wesen der Schöpfung zugeordnet: Sie sind lichtvolle Schöpfer von Wundern. Sie übermitteln Gottes Energie, um die Elementarsubstanz zu erschaffen, aus der das Leben besteht und die das ganze Universum durchdringt. Sie sind bekannt als Engel des Wunders der Liebe, die sie jedem von uns immerwährend bedingungslos anbieten, und fördern und unterstützen unsere spirituelle Weiterentwicklung bis zur höchsten Stufe, bis wir eins sind mit dem schöpferischen Geist der Quelle.

Im Engel-Orakel heißen sie die Engel des Wunders der Liebe, die Engel des Wesens der Liebe und die Engel Ewiger Liebe. Sie repräsentieren den Geist der Großartigkeit, den wir als bedingungslose, ewig unvergängliche Liebe kennen. Wir sind ihre Zeugen bei jedem Schöpfungsakt. Die Schöpfung überflutet das Universum mit ihrer Macht. Durch die Seraphim verbinden wir uns mit dem Glanz dieser Liebe und erkennen sie an.

Die Seraphim zeigen jedem von uns, der diesen glückseligen Zustand des Einsseins mit der Quelle sucht, wie wir unsere Schwingungen auf höchste Bewußtseinsebenen verfeinern und einstimmen können. Sie senden uns beispiels-

* Zitiert nach Edmond Bordeaux Székely: Das Evangelium der Essener, Bd. 3: Die verlorenen Schriftrollen der Essener, Südergellersen 1988, S. 65. Mit freundlicher Genehmigung des Verlags Bruno Martin.

weise wundersame, einzigartige Lehrer oder Meister, die nicht-physische oder physische Wesen sein können. Diese Lehrer sind selbst Wesen, die mit dem Licht in Kontakt gekommen sind und mit verschiedenen Methoden der Reinigung die Schlacken ihrer Negativität verbrannt haben, indem sie sich dem Einssein des Lebens hingaben.
Die Seraphim erinnern uns beständig an das Wunder der Liebe und daran, wie wir durch diese wundersame Energie erneuert und ganz werden. Sie helfen uns, den Schmerz aller Trennungen und Verluste zu heilen, damit wir erkennen, daß Liebe ewig und absolut unteilbar ist.

Die Cherubim

Die Cherubim bewachen den Eingang zum Paradies. Sie sind die Träger der höchsten Weisheit im Universum. Sie helfen allen, die man mit Weisheit in Verbindung bringt, und bieten all denen Stärke, die auf das Wort Gottes eingestimmt sind. Sie erfüllen das Universum mit Gottes Weisheit. Wenn wir auf die Schwingung ihrer Liebe eingestellt sind, erfahren wir die Tiefen des Wissens in uns selbst. Dies spiegelt direkt und klar die Weisheit wider, die sie in der Hoffnung auf uns lenken, daß wir Gott und die Großartigkeit der bedingungslosen Liebe erkennen mögen, die uns innewohnt.
Die Cherubim bieten uns ihr kristallklares Bewußtsein der Einheit allen Lebens an. Im Orakel heißen sie der Engel der Weisheit, der Engel der Erkenntnis und der Engel des Wissens. Sie sind Boten Gottes, die die Fülle der Liebe und des Wissens teilen, und bieten uns die Möglichkeit, die Geheimnisse des Lebens durch die Umwandlung von Wissen zu Weisheit zu erfahren. Sie sind nicht die pausbäckigen kleinen Kinder, die man in der Engelskunst so oft sieht, sondern die Reinheit des Geistes, der sich in kleinen Kindern verkörpert, die wissen, daß sie in Sicherheit sind und innig geliebt werden.

Die Throne

Die Throne sind die Engelsgestalten, die der Göttlichen Quelle am nächsten sind. Sie existieren jenseits der Form, und doch ist es ihre Aufgabe als Engel, Gedanken in Materie zu verwandeln. Sie existieren auf einer rein gedanklichen Stufe und geben der Schwingung von Gottes Liebe materielle Gestalt.
Sie wirken als die Augen Gottes und nehmen die Gestalt wirbelnder Ströme aus farbigem Licht an. Im Orakel heißen sie der Engel des Seins, der Engel der Kraft und der Engel der Herrlichkeit. Sie übermitteln die Kraft und die Herrlichkeit der Quelle im ganzen Universum und senden einen immerwährenden Lichtstrahl aus, damit wir diese Liebe in unserem Leben zum Ausdruck bringen können. Wenn wir unseren Verstand loslassen und offen den Augenblick erleben, erfahren wir die Herrlichkeit und den Glanz der Schöpfung, so wie sie gedacht war. Dann tragen uns die Throne in die Reiche der Glückseligkeit.
Sie existieren im gegenwärtigen Augenblick, und wenn wir über unsere oberflächliche Identifikation hinausgehen – wer wir zu sein meinen – und beginnen,

als Mit-Schöpfer des Universums zusammen mit der Quelle zu leben, dann stellen wir fest, daß wir vollständiger in der Gegenwart existieren. So werden wir in die Reiche der Kreativität, Liebe und der Weisheit gezogen, die so tiefgründig sind, daß wir unsere Erfahrungen nicht angemessen beschreiben können. Das ist der Himmel des Paradieses, von dem Dichter und Mystiker all die Jahre sprachen. Alles, was von uns verlangt wird, ist, unser Ego fallenzulassen und offen und vertrauensvoll im gegenwärtigen Moment zu leben, frei von all den Illusionen, die unseren Geist außer Kraft setzen und hemmen. Mit der Hilfe der Engel gelingt es uns, so zu leben, wie es uns bestimmt ist, in Freude, Glückseligkeit und mit dem Wissen, daß wir wahrhaft geliebt und umsorgt werden.

Das Reich der Throne ist die höchste Stufe, zu der die Engel aufsteigen können. Sie singen der Quelle „nie enden wollendes Lob und Lobpreis", weil sie wissen, daß diese Liebe und Gnade durch die Ewigkeit hindurch anhalten wird.

Die Seraphim: Der Engel des

WUNDERS DER LIEBE

Neben dem Engel sind Turteltauben abgebildet, ein Symbol für das Wunder der Liebe. Die geflügelten Feuerräder symbolisieren die Seraphim selbst. Das Auge oben stellt das Symbol für den Himmel des Paradieses dar. Das Herz am unteren Rand und die offenen Hände stehen für die Sehnsucht nach der wahren Liebe, die uns allen gemeinsam ist.

Engelsreich **Engel des Himmels des Paradieses**

Engelsfunktion **Er bringt Wunder in unser Leben.**

Gaben für die Erde **Er hilft Ihnen, sich der Liebe, die Sie sich wünschen, zu öffnen; die Liebe in Ihrem Leben zu achten und das Wunder der Liebe aus der Quelle anzuerkennen.**

Der Engel des Wunders der Liebe läßt uns alle Gottes Liebe bedeutungsvoll und nah erleben. Dies mag sich für manchen in Elternschaft ausdrücken, für andere ist es vielleicht eine spirituelle oder therapeutische Gemeinschaft von Brüdern und Schwestern, wieder andere erfahren sie durch eine ganz persönliche Beziehung. Jeder von uns kann das Wunder der Liebe erfahren, und als einzigartige Einzelwesen bekommen wir Gottes Liebe auf eine Art, die für uns einzig und vollkommen ist.

Wir haben die Wahl, unsere Herzen zu öffnen, um für diese Liebe aufnahmefähig zu sein. Wenn wir uns für Liebe im Leben entscheiden, umarmen uns die Engel und erfüllen unser Herz mit der Göttlichen Liebe. Dieses Wunder der Liebe drückt sich in menschlichen Interaktionen aus; denn Liebe, die heilig ist, spiegelt sich am schönsten in unseren Beziehungen zueinander wider.

Wir bitten den Engel des Wunders der Liebe, uns mit der kostbarsten Gabe im Leben zu segnen. Wir müssen aufnahmebereit und frei von Negativität sein, um diese Liebe immer mehr zu achten, zu erhalten und wachsen zu lassen. Liebe ist unser kostbarster, größter Schatz. Wir können sie in jeder vorstellbaren Gestalt achten, solange wir sie nicht für selbstverständlich erachten oder sie mißbrauchen. Je reiner wir innerlich sind, um so weniger werden wir diese Gabe besudeln oder sie der falschen Energie preisgeben. Liebe ist etwas so Besonderes, daß wir die Quelle für diese Erfahrung nur ehren und ihr danken können. Wenn wir rein bleiben, an uns arbeiten, Verantwortung für unsere Projektionen übernehmen und positiv eingestellt bleiben, können wir Gottes Liebe immer öfter erfahren.

Der Heilige Geist läßt immer wieder für jeden Wunder geschehen. Das einzige, was von uns verlangt wird, ist, dafür bereit zu sein. Wir sollen unsere Herzen reinigen und unseren Geist öffnen, um die Gabe des Wunders der Liebe zu empfangen. Wir bitten den Engel des Wunders der Liebe, uns zu führen, denn danach sehnen wir uns wahrhaftig. Die Liebe in uns zu erkennen bedeutet auch, die Liebe um uns herum zu erkennen. Gottes Liebe kennt keine Schranken oder Grenzen. Sie durchdringt alle lebende Substanz und läßt sich in allen Dingen erfahren.

Die Seraphim: Der Engel des

WESENS DER LIEBE

Das Auge, Symbol für den Himmel des Paradieses, sendet funkelnde Strahlen ins Universum aus. Der Löwe symbolisiert das Feuer und die Leidenschaft, die Liebe in uns entfachen kann. Diese Leidenschaft erkennt man an der Schöpfung, die hier von Mond und Sternen symbolisiert wird. Die lodernden geflügelten Räder sind Symbole der Seraphim.

ENGELSREICH **Engel des Himmels des Paradieses**

ENGELSFUNKTION **Er beschützt das Wesen der Liebe.**

GABEN FÜR DIE ERDE **Er hilft Ihnen zu erkennen, daß Sie in Ihrem Kern Liebe sind; Liebe in allem zu erfahren und das Wesen Ihres Seins mit anderen zu teilen.**

Der Engel des Wesens der Liebe hilft uns, die Maske der Illusion abzulegen und zu sehen, daß Liebe das Wesentliche im Leben ist. Wir schlüpfen aus dem engen Kokon unseres Ichs und werden die lichtvollen Wesen, die wir sind. Wenn wir die Illusionen der Persönlichkeit und die zerstörerische Negativität durchdrungen haben, erkennen wir, daß wir in unserem Kern ein Quell der Liebe sind.

Diese Liebe ist in jeder lebenden Zelle unseres Körpers und im Herzen alles Lebendigen vorhanden. Das Bewußtsein, aus dem wir gemacht sind, durchdringt auch alle andere lebende Substanz. Unser eigenes süßes Wesen ist dasselbe wie das universelle Wesen der Liebe, die uns vereint und eng mit der Quelle verbindet.

Wir bitten den Engel des Wesens der Liebe um seine Hilfe, um das Wesen im Herzen unseres Seins zu erkennen. Wenn wir uns mit diesem Wesen identifizieren, kommen wir von unserem Höheren Selbst, das ein Aspekt des Göttlichen ist, und nicht von dem anderen Selbst des kleinen, individuellen Ego. Wir suchen Beistand, damit wir uns von den Illusionen unseres Seins lösen können und die unvergängliche Wahrheit finden, daß wir eins mit der Quelle und mit allem Leben sind. Wir bitten darum, uns mit dieser Einheit zu verbinden und uns daran zu erinnern, daß das Wesen dieser Liebe ewig und bedingungslos ist.

Wenn wir unser Herz für die Liebe in uns öffnen, entdecken wir, daß ihr Wesen die Grundsubstanz des Lebens ist. Ohne sie könnte nichts wachsen oder erblühen, und es gäbe kein Leben mehr. Der Engel des Wesens der Liebe hütet diese Substanz sorgsam in jedem von uns. Wenn wir von innen heraus leben, erhalten wir ungezählte Schätze in Form von Erfahrungen, die uns bestätigen, daß Liebe ist, wer wir sind.

— ✶ —

Die Seraphim: Der Engel

EWIGER LIEBE

Das alles sehende Auge bestätigt, daß dies ein Engel aus dem Himmel des Paradieses ist. Der Delphin steht für das Bewußtsein und die Freude ewiger Liebe, ebenso die Wellen unter ihm. Die lodernden Räder sind das Symbol der Seraphim. Die Schlange, die sich in den Schwanz beißt, ist der Ouroboros, das Symbol für Ganzheit und Ewigkeit.

ENGELSREICH **Engel des Himmels des Paradieses**

ENGELSFUNKTION **Er soll Gottes ewige, bedingungslose Liebe übermitteln.**

GABE FÜR DIE ERDE **Er erinnert Sie daran, daß Liebe dauerhaft ist; er hilft Ihnen, die Angst loszulassen, daß Liebe nur begrenzt vorhanden sein könnte, und er hilft, den Geist zu öffnen, der die Quelle dieser Liebe ist.**

Der Engel Ewiger Liebe ist ein Quell der Beruhigung und des Trostes für jeden, der um verlorene Liebe trauert. Aber Liebe kann nicht verlorengehen. Sie ist unzerstörbar und bleibt auf ewig Teil unserer selbst. Es ist, als ob Liebe in unsere Seele gepflanzt würde, die mit jeder Erfahrung größer wird und sich entwickelt. Er vergrößert und erweitert unsere eigenen Perspektiven und läßt uns das Universum als einen sicheren, süßen Ort erkennen, der uns Glück und Freude bringen soll.

Alle Liebe kann man mit Hilfe von Meditation oder unterschiedlichen Heiltechniken bewußt wiedererleben. Sie stirbt nicht mit dem physischen Körper, sondern ist ewig und kann immer dann ins Gedächtnis gerufen werden, wenn wir sie brauchen.

Der Engel Ewiger Liebe schenkt jedem von uns, der liebt, die Freude zu wissen, daß der Geist die Erinnerung an die Liebe bewahrt. Wenn wir einen nahestehenden Menschen verloren haben, wird die Liebe, die wir teilten, nicht weniger, sondern bleibt bei uns, wird Teil von uns und treibt unsere spirituelle Entwicklung voran. Dieser Engel macht uns diese Tatsache bewußt und hilft uns, die Liebe im Herzen am Leben zu erhalten. An einem bestimmten Punkt im Leben werden wir seiner Liebe und seines Beistandes bedürfen, denn in dieser physischen Welt können wir Verluste nicht vermeiden. Dieser Engel schenkt uns Trost und das Bewußtsein, daß Liebe niemals stirbt. Liebe verbindet ein Leben lang und kann sogar Menschen wiedervereinen, die in der Vergangenheit liebten und in diesem Leben zusammenkommen, um diese Liebe zu vervollkommnen. Manchmal hält Liebe über jahrelange Trennung hinweg an. Wenn Menschen Seelenverwandte sind, finden sie sich wieder, sei es auf dieser physischen Ebene oder einer eher ätherischen Stufe.

Wir bitten den Engel Ewiger Liebe, den Schleier des Unbewußten zu entfernen, der zwischen uns und unserem Bewußtsein von ewiger Liebe steht. Wenn wir einsam sind oder etwas verloren haben, bitten wir diesen Engel, Trost in der Erinnerung an eine Liebe zu finden, die irgendwann im Leben für uns wichtig war. Wir können uns bewußt entscheiden, uns an die Liebe unserer Freunde, unserer Familie, unserer Lehrer zu erinnern, an die Liebe aller, mit denen wir Liebe teilten. Diese Erinnerung bleibt bei uns und ist Teil von uns. Diese Liebe ist unzerstörbar.

Die Cherubim: Der Engel der

WEISHEIT

Dieser Engel bewacht die Pforten des Paradieses mit dem symbolischen Auge, das seine allwissenden Strahlen aussendet. Der Engel läßt niemanden ein, der nicht seine eigene göttliche Natur kennt. Die Kerze symbolisiert die Flamme der Weisheit, ohne die wir die Freuden des Paradieses nicht erfahren können.

ENGELSREICH **Engel des Himmels des Paradieses**

ENGELSFUNKTION **Er bringt Weisheit in unser aller Leben.**

GABEN FÜR DIE ERDE **Er hilft Ihnen, aufnahmefähig für Gottes Weisheit zu werden, Weisheit in Ihrem Leben zu finden und sie bei all Ihren Erfahrungen anzustreben.**

Dieser Engel trägt Gottes Weisheit ins ganze Universum und zu allen, die das Wort Gottes erfahren möchten. Mit seiner Hilfe finden wir unsere Weisheit, indem wir uns den Tiefen unserer Erfahrung öffnen und erkennen, was für uns wahrhaftig ist.

Wenn wir uns die Chance geben, über unsere persönlichen Erfahrungen nachzudenken, sie zusammenzufügen und zu destillieren, finden wir Weisheit, mit der wir auf unserem Pfad weitergehen, unser Verständnis bereichern und unsere Spiritualität vertiefen können.

Erst jetzt erkennen wir allmählich die Weisheit alter Lehren und wenden sie auf unsere Gesundheit und Lebensführung an. Weisheit ist ein inneres Bewußtsein, das auf die Welt um uns projiziert wird, damit wir in Frieden und Harmonie leben können.

Der Engel der Weisheit bringt uns die Gabe der Weisheit. In der Bibel steht, daß Weisheit wertvoller als Gold ist. Sicher brauchen wir Weisheit für unser Wachstum und unsere spirituelle Entwicklung: Ohne sie sind wir den Wirkkräften der materiellen Welt ausgeliefert und verlieren leicht unsere Integrität und persönliche Identität.

Weisheit ist etwas, das alle Kulturen verehrt und anerkannt haben. Alte Zivilisationen respektierten und verehrten jene Menschen, die durch ihre Erfahrung die innere Bedeutung des Lebens verstanden hatten und einen Sinn in Verlust, Verletzungen und Trennungen sahen. Die Eigenschaft der Weisheit ist etwas, dem wir in unserer modernen Welt allmählich wieder Wert und – hoffentlich – Respekt zuerkennen sollten. Wir bitten um die Hilfe des Engels der Weisheit, uns zu der Weisheit in uns zu führen. Mit ihr können wir förderliche, weise Entscheidungen für unser Wohlergehen und Glück treffen.

Wir bitten den Engel der Weisheit, uns zu zeigen, wie wir Lebenserfahrungen einen Sinn geben und deren Bedeutung für uns entdecken können, und wir bitten um Weisheit für unsere Heilung und die unseres Planeten. Durch die Gabe der Weisheit finden wir mit Sicherheit Glückseligkeit im Leben. Der Engel der Weisheit hilft uns allen, den weisen, heilenden Pfad zu finden.

Die Cherubim: Der Engel der

ERKENNTNIS

Der Engel der Erkenntnis ist über die Wolken der Verwirrung aufgestiegen und hält eine Weltkugel, die klare Absichten verkörpert. Die Gabe des Engels ist das Licht der Erkenntnis, und wenn wir uns darauf konzentrieren, sehen wir, was zu unserem Besten ist. Das Auge ist das Symbol des Himmels des Paradieses.

ENGELSREICH **Engel des Himmels des Paradieses**

ENGELSFUNKTION **Er soll all jenen Erkenntnis bringen, die auf dem lichtvollen Pfad wandeln.**

GABEN FÜR DIE ERDE **Er hilft Ihnen, den rechten Weg zu erkennen, das auszuwählen, was wirklich gut für Sie ist, und zu erkennen, was zu Ihrem Besten und Ihrer größten Freude ist.**

Der Engel der Erkenntnis lehrt uns, unsere innere Stimme zu ehren und auf unser Herz zu hören. Wenn wir vor komplexen Entscheidungen stehen, die unsere spirituelle Weiterentwicklung betreffen, bringt uns dieser Engel auf den richtigen Weg. Er führt uns immer zu dem, was unserem Wachstum dienlich ist und unsere Stärken und Gaben fördert. Erkenntnis eliminiert Negatives, Uneffektives und möglicherweise Schädliches. Erkennen lernen bedeutet, unser Gespür für den gesündesten und freudvollsten Weg zu verfeinern.

Erkenntnis bedeutet zu wissen, was letztlich zu unserem Besten ist. Das ist nicht unbedingt der leichteste oder gängigste, aber der für unser Wohl geeignetste Weg. Wir erkennen, was für uns richtig ist, wenn wir auf unser Herz hören und unsere Wahlmöglichkeiten überdenken. Der Engel der Erkenntnis hilft uns, auf unserem Weg die weisesten Entscheidungen zu treffen.

Erkenntnis heißt, im Kopf und im Herzen zu wissen, daß etwas oder jemand richtig für uns ist. Viele Menschen kämpfen angestrengt darum, eine Situation oder eine Person zu korrigieren, statt sich zu fragen, ob diese Situation oder Person das Beste für sie ist. Mit Erkenntnis bewerten wir uns auf jeder Stufe und treffen Entscheidungen, die diese Ebene des Selbstwerts reflektieren. Der Engel der Erkenntnis läßt uns Dinge klar sehen und unsere Sicht über Ängste und Zweifel hinaus erweitern. Er hilft uns zu erkennen, was wir aus Angst nicht sehen wollen, und läßt uns intelligente, von Herzen kommende Entscheidungen fällen.

Wir bitten den Engel der Erkenntnis um Hilfe, um besser auf unsere innere Stimme hören zu können. Dann hören wir die Engel zu uns flüstern und wissen, welches die richtige Entscheidung ist. Wenn wir gelernt haben zu erkennen, öffnen wir uns mit Hilfe der Engel für die Schätze unseres inneren Wissens, das sie niemals der Ablehnung preisgeben. Erkenntnis schützt unsere tiefste Empfindsamkeit. Die Engel wollen nur, daß wir zu unserem Besten entscheiden.

— ✶ —

Die Cherubim: Der Engel des

WISSENS

Dieser Engel ist mit den Symbolen für Bewußtsein und Freude abgebildet. Sternenstaub, die Energie der Liebe, fällt vom Himmel. Er ist die Quelle der Inspiration, wenn unsere Wünsche Wirklichkeit werden können. Der Engel hält den Ring des Wissens, von dem all unser Bewußtsein ausgeht.

ENGELSREICH **Engel des Himmels des Paradieses**

ENGELSFUNKTION **Er schenkt der Menschheit tiefstes Wissen.**

GABEN FÜR DIE ERDE **Er hilft Ihnen, Ihre Wahrheit zu erkennen und Ihr Bewußtsein in Ihrem tiefsten Wissen zu verankern; er erinnert Sie daran, daß Sie immer wissen, was für Sie richtig ist.**

Der Engel des Wissens hilft jedem von uns, jenen Teil von uns zu finden und ihm zuzuhören, der immer weiß. Das ist der Ort, wo wir absolut stark und ganz sind. Es ist nicht die Funktion des rationalen Verstandes, der Begrenzungen versteht, sondern etwas in unserem tiefsten Bewußtsein, das auf die kosmischen Schwingungen eingestimmt ist und alles bewußt wahrnimmt. Wenn wir unser tiefstes Wissen anzapfen, umgehen wir unsere mentale Vorstellung davon, wie Realität sein soll: Wir schließen unsere Emotionen kurz und verzichten auf unsere negativen Lebenseinstellungen. Dieses tiefe Wissen kommt aus der absoluten Gewißheit darüber, wer wir sind, und manifestiert sich in Stimmen oder Bildern oder geht sogar über Bilder hinaus, indem es uns unser Selbst unmittelbar erfahren läßt. Es hängt nicht von äußeren Umständen oder verstandesmäßigen Vorstellungen ab, sondern ist die stärkste Botschaft, die direkt unserer Seele entspringt.

Unser Gespür für Wissen hilft uns, den Zweck unseres Daseins auf diesem Planeten in dieser Zeit der Konflikte und Kämpfe zu verwirklichen. Dieses Wissen hilft uns, das zu akzeptieren, wodurch sich unser Potential entfaltet, und es unterstützt uns, die richtigen Entscheidungen für unser Leben zu treffen. Es schließt das Bewußtsein ein, daß das Universum ein gütiger Ort ist und existiert, damit wir so umfassend wie möglich wir selbst sind. Dieses tiefe Wissen ist unsere unmittelbare Verbindung zur Quelle. Wir bitten den Engel des Wissens um Führung und Beistand, damit wir mehr nach innen hören. Dieser Engel hilft uns, unsere Launen und Emotionen zu erkennen, und wenn wir die alte Leier über das Leben abspulen, ermutigt er uns, das ausgediente Skript fallenzulassen und nach Positivem und Freudvollem zu suchen.

Der Engel des Wissens steht für völlige Klarheit. Wir bekommen diese Gabe, wenn wir ungesunde, nicht förderliche Einstellungen über uns und unsere Brüder und Schwestern abgelegt haben. Ein Teil dieses Wissens ist, daß wir die Liebe selbst sind.

Unsere Gebete zum Engel des Wissens nehmen uns einen Teil unserer Ängste und öffnen uns für unsere Mitte, die Liebe und Licht ist. Mit Wissen können wir Gewißheit erfahren und erkennen, daß wir in Gottes Augen vollkommen sind.

Die Throne: Der Engel des

SEINS

Der Engel des Seins ist als universelles Symbol des Selbst, als Mandala, abgebildet. Die beiden Kelche umfassen die spirituelle und irdische Energie der Menschheit. Der Mann und die Frau unten verkörpern Ganzheit und Individuation. Das Auge am oberen Rand ist das Symbol des Himmels des Paradieses.

ENGELSREICH **Engel des Himmels des Paradieses**

ENGELSFUNKTION **Er wirkt als Auge Gottes.**

GABEN FÜR DIE ERDE **Er hilft Ihnen, die Tiefe Ihres Seins zu berühren; Mitschöpfer des Universums zu sein und mehr Gespür für Ihr Wohlergehen zu entwickeln.**

Der Engel des Seins segnet uns, weil wir ein Spiegel von Gottes Liebe sind. Er hilft, die Wirklichkeit in eine Vision unserer selbst zu transformieren, in der wir uns geliebt und unterstützt fühlen. Er erleuchtet unser Bewußtsein, daß wir ein lebender Teil der Schöpfung sind.

Da wir als Teil der Schöpfung existieren und nicht von ihr getrennt sind, haben wir ein Recht auf Liebe, Respekt und Wohlstand. Der Engel des Seins ermutigt uns zur Selbsterkenntnis und zu dem Verständnis, daß wir im Kern Erscheinungsformen der Quelle sind. Dieser Engel unterstützt uns dabei, unser Leben einfach und erfüllend zu gestalten. Wenn wir Freude, Liebe und Gesundheit wählen, werden wir mit der Zeit Mitschöpfer des Universums. Der Engel des Seins bekräftigt unsere Vision und segnet sie. Mit seiner Hilfe ziehen wir im Leben Gutes und Freudvolles an.

Wir halten unser Leben vielleicht nicht für besonders schöpferisch, aber jeder negative oder positive Gedanke zieht eine Erfahrung an. Der Engel des Seins wirkt beständig durch unser Unbewußtes, damit wir unsere Wirklichkeit zu unserem Besten und unserer größten Freude gestalten.

Der Engel des Seins lehrt uns, uns selbst anzunehmen, uns zu lieben und unsere eigene Güte und die Süße unseres inneren Wesens zu erkennen. In Zusammenarbeit mit ihm akzeptieren wir uns so, wie wir sind. Es bedeutet, unser Herz dem Bild zu öffnen, wer wir wirklich sein wollen, ein Engel in physischem Körper.

Wir bitten den Engel des Seins um den Mut, uns an uns zu freuen und die Großartigkeit unseres wesentlichen Seins von der oberflächlichen Aufmachung der materiellen Welt zu trennen. Wir sollen wissen, daß wir nicht das Auto sind, das wir fahren, nicht das Haus, in dem wir wohnen, nicht die Kleidung, die wir tragen, und nicht der Partner, mit dem wir schlafen. Unser Wert hängt von keinem dieser Dinge ab. Wir haben einen Wert, einfach weil wir existieren. Wir sind eine einzigartige Ausdrucksform des Seins, das jenseits von Ich-Identifikationen mit Geld, Beruf, Sex, Rasse oder Alter existiert. Wahres Sein ist Einssein mit dem Liebevollen und Schöpferischen in uns. Möge der Engel des Seins uns dabei helfen, uns mit unserem wahren Selbst zu vereinen.

Die Throne: Der Engel der

KRAFT

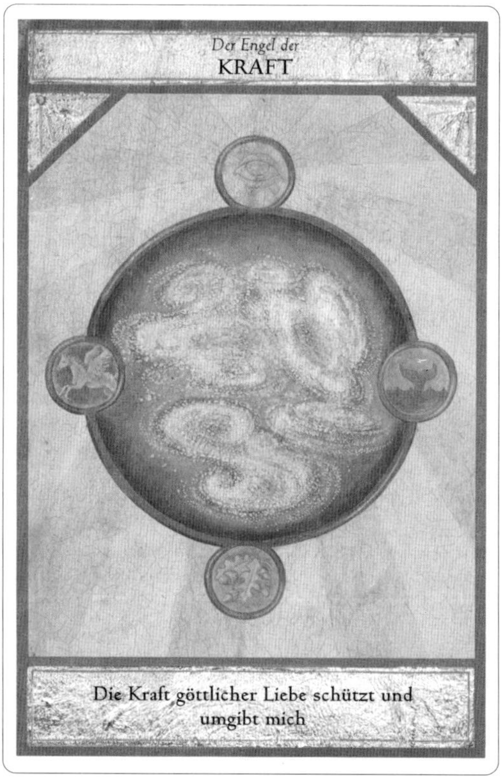

Der Engel der Kraft ist mit einer wirbelnden Energiemasse zwischen dem mythischen Pferd Pegasus und einem riesigen Wal abgebildet. Jenes symbolisiert die Transformation von erdgebundener Materie zu Geist, dieser das Ausmaß natürlicher Schöpfung. Die Eicheln zeigen, daß sogar der kleinste Kern die Kraft hat, zu wachsen und etwas zu erschaffen.

ENGELSREICH **Engel des Himmels des Paradieses**

ENGELSFUNKTION **Er soll Gottes Liebe in Materie umwandeln.**

GABEN FÜR DIE ERDE **Er hilft Ihnen, die Kraft der Quelle anzunehmen, Ihre eigene Transformationskraft anzuerkennen und die kollektive Kraft der Menschheit zur Veränderung zu akzeptieren.**

Der Engel der Kraft bringt uns der Erkenntnis näher, daß die Kraft Gottes in jedem von uns lebt. Es ist unsere individuelle Aufgabe, diese Wahrheit in uns und ihre Kraft anzuerkennen. Der Engel der Kraft hilft uns dabei und bringt uns der Einheit mit der Quelle näher.

Die Kraft von Gottes Liebe kann sich als spirituelles Konzept verwirklichen oder als lebendige Realität erfahren werden. Je lebendiger wir dieses Bewußtsein erfahren, desto eher überbrücken wir die trennende Kluft zwischen uns und unseren Mitmenschen. Jedem einzelnen ist es überlassen, die Kraft in sich zu erkennen und ihr zu vertrauen. Der Engel der Kraft ermöglicht uns diese Erkenntnis.

Wir bitten den Engel der Kraft, unseren Verstand von jeglicher Negativität zu reinigen, die unsere Entdeckung blockiert, daß Gott in uns lebt und nicht eine äußere, von uns abgetrennte Projektion ist.

Der Engel der Kraft läßt uns auf viele unterschiedliche Arten die Kraft in uns umfassender erkennen. Bei einigen geschieht dies durch Meditation, bei anderen durch eine spirituelle Übung, eine bestimmte Arbeit oder Beschäftigung, wieder bei anderen kommt sie in Form von Freundschaften oder Partnerschaften. Wenn wir dem folgen, was uns anzieht und Freude bereitet, entfalten sich die Wunder, und wir bekommen eine bessere Vorstellung davon, worum es im Leben geht.

Wir bitten um Dankbarkeit für diese Kraft. Das hilft uns, uns an der Güte und Schönheit der Schöpfung zu beteiligen, denn wir wissen, daß wir eins mit dieser Kraft und nicht getrennt von ihr sind. Die Kraft unseres Seins nimmt zu, wenn wir uns ein bißchen mehr lieben und ehren als die, die wir sind, und die Quelle des Lebens in uns respektieren. Immer wenn wir unsere Schönheit und Anmut und unsere Fähigkeit zu Sanftmut ehren, stellen wir uns ins Licht. Wenn wir für unsere Gefühle offen sind und uns die Wahrheit über unser Leben in jedem Moment sagen, erhöhen wir unsere Kraft und verbessern unser Sein. Der Engel der Kraft fordert uns heraus, unsere Kraft auf Schritt und Tritt anzuerkennen und unsere Wahrheit zu leben.

— ✶ —

Die Throne: Der Engel der

HERRLICHKEIT

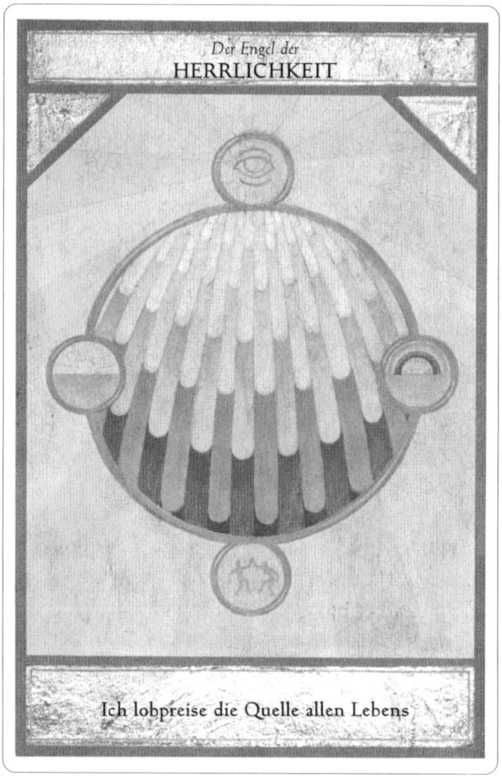

Dieser Engel ist als herrlich farbiges, himmlisches Licht dargestellt. Wir erkennen ein paar der ganz einfachen Dinge im Leben, die gefeiert werden sollen: die aufgehende Sonne, einen Regenbogen, tanzende Kinder. Das sind die grundlegenden Lebensfreuden, die uns an die Herrlichkeit der Schöpfung erinnern.

ENGELSREICH **Engel des Himmels des Paradieses**

ENGELSFUNKTION **Er feiert die Herrlichkeit des Göttlichen.**

GABEN FÜR DIE ERDE **Er hilft uns, die einfachen Freuden des Lebens zu feiern, alle Güte um uns herum anzuerkennen und Dank zu sagen für alles, was wir sind.**

Mit der Hilfe des Engels der Herrlichkeit feiern wir die zahllosen Anlässe zu Güte und Freude im Leben. Er lehrt uns, dankbar zu sein für die Schönheit und Einfachheit des Lebens. Er nimmt Belastung und Kampf aus unserem Leben fort, und wir sehen, wie einfach alles sein kann. Dieser Engel erzählt uns, daß das Leben, wenn wir wollen, ein einziges Fest sein kann. Er lobpreist die Herrlichkeit von Gottes wundersamer Schöpfung. Wir können uns auf diese Beschwörung von Schönheit und Freude einstimmen, wann immer wir unser Herz öffnen wollen. Der Glanz des Lebens entfaltet sich dann einfach vor uns und reflektiert die Liebe wie ein Spiegel, wenn wir es durch die Augen der Dankbarkeit betrachten. Es bedeutet auch, daß wir in der Realität des Lebens, hier und jetzt, verwurzelt sind.

Wir bitten den Engel der Herrlichkeit, unseren Dank in seinen freudigen Lobgesang an die Quelle des Lebens mit einzuschließen. Mit geöffneten Herzen werden wir gesegnet; das Vergnügen, das wir erleben, wenn wir uns für das Leben bedanken, ist die höchste Anerkennung des Lebens selbst. Die Freude über die Dankbarkeit gibt unserer Seele Nahrung und vermittelt uns ein tiefes Gefühl von Gnade. Vor vielen Jahren brachte mir ein sehr weiser Mann folgende Worte bei: „Ich danke für all die guten Dinge, die jetzt in meinem Leben geschehen." Je öfter ich das sagte, desto häufiger geschahen gute Dinge in meinem Leben.

Der Engel der Herrlichkeit erhebt uns über das Weltliche auf eine Stufe, auf der wir die Herrlichkeit Gottes und das Wunder der Schöpfung feiern. Unsere Energie und unser Bewußtsein damit in Einklang zu bringen heißt, ein Teil von allem zu sein. Wir alle sind eine Erscheinungsform des göttlichen Schöpfungsprinzips. Es ist unsere eigene Herrlichkeit, die wir feiern, wenn wir den Engeln unser Herz öffnen. Wir erreichen die Herrlichkeit des Selbst und ehren das Göttliche, wenn wir uns selbst lieben.

Drittes Kapitel

ZUR BENUTZUNG DER ENGELS-KARTEN

Lob sei den Engeln immerdar

TOBIT 11, 15

Das Engel-Orakel ist benutzerfreundlich und einfach angelegt. Es ist ein Modell der Liebe und Vollendung der Engelsreiche und schenkt Ihnen eine besondere Beziehung zu Bereichen Ihrer Persönlichkeit, über die Sie sich vorher vielleicht nicht im klaren waren. Es bringt Sie den Engeln näher, die Sie auf Ihrem Weg durch dieses Leben geleiten und beschützen.

VORBEREITUNG DER KARTEN

Einiges sollten Sie über die Benutzung der Karten wissen, bevor Sie anfangen. Wenn Sie sich an die folgenden Instruktionen halten, bleibt die Energie rund um die Karten rein und geklärt, und die Karten werden starke Liebe und Ergebenheit ausstrahlen.

Bewahren Sie Ihre Karten zu Hause an einem besonderen Platz auf, an dem ruhige und gelassene Energie herrscht. Sie können sie in ein Stück Seide wickeln oder eine eigene Schachtel dafür suchen und sie auf oder neben Ihren Meditationsschrein oder neben das Bett legen. Bevor Sie sie benutzen, zünden Sie eine Kerze an und verbrennen Sie Weihrauch, um den Sie umgebenden Raum zu reinigen. Engel fühlen sich am wohlsten in einer schönen Umgebung und können viel leichter mit Ihnen in Kontakt treten, wenn Sie ruhig sind und Ihr Umfeld rein ist.

Sie können sich still zum Meditieren hinsetzen, die Karten in der Hand halten und mit den Engeln sein, so wie Sie sich am wohlsten fühlen. Beim Umgang mit den Karten werden Sie sicher Ihre eigenen Rituale entwickeln.

Die Engel werden Sie immer zu dem ermutigen, was Ihnen richtig erscheint. Vielleicht wollen Sie ein paar Blumen neben sich stehen haben oder sanfte Musik hören, während Sie die Karten auf einem schönen Stück Stoff auslegen. Die Komponistin Marcia Hamm hat eine göttlich inspirierte Musik geschaffen, die ich oft auflege, wenn ich mit dem Engel-Orakel arbeite. Es gibt ein paar wunderschöne, sanfte und inspirierende Musikkassetten, die Ihnen dabei helfen, den Engeln Ihr Herz zu öffnen.

Orakelfragen stellen

Sie können die Engel alles fragen, was Ihnen wichtig ist, obwohl Sie keine Fragen stellen sollten, die sich mit Ja oder Nein beantworten lassen. Die Beispieldeutungen im folgenden zeigen Ihnen, wie Sie am besten eine Frage formulieren. Die Engel verhelfen Ihnen zu Klarheit und Verständnis und erhöhen Ihre intuitiven Fähigkeiten.

Wenn Sie merken, daß Sie nicht die gewünschten Antworten, sondern möglicherweise verwirrende Informationen erhalten, distanzieren Sie sich für einen Moment von den Karten und überdenken Sie die Antworten, die Sie bekommen haben. Man braucht einen friedvollen Geist, um die offenbarende Natur dieser Karten oder eines anderen Divinationsinstruments ganz zu verstehen. Seien Sie ruhig und behutsam und lassen Sie die Informationen wirken. Engel lassen sich nicht zwingen und dulden auch keine Forderungen. Wenn Sie die Antworten wirklich nicht verstehen, bitten Sie die Engel, ihre Interpretation zu erklären, damit Sie sie verstehen. Geben Sie sich Zeit, über die erhaltene Information nachzudenken. Manchmal wird etwas deutlicher, wenn man es überschläft oder einen Traum hat.

Sie wollen vielleicht Ihre Interpretationen in einem Engelsnotizbuch aufschreiben und die Informationen, die Ihnen offenbart wurden, überdenken. Mit der Zeit können Sie sehen, wie sich diese Mitteilungen entfaltet haben. Das hilft Ihnen, auf die Liebe zu vertrauen, die Ihnen durch diese Karten zuteil wurde.

Die Wahl des Legemusters

Sehen Sie sich die verschiedenen Legesysteme und Interpretationen, die Sie für das Engel-Orakel befragen können, genau an und wählen Sie die aus, die Ihren Bedürfnissen am besten entspricht. Wenn Sie Ihre Frage einfach formulieren, brauchen Sie nur eine einfache Interpretation (z. B. die Interpretationen für die Einzelkarte und für Vergangenheit, Gegenwart und Zukunft). Wenn Sie eine komplexere Antwort wünschen, können Sie ein komplizierteres Legemuster auswählen (z. B. Heiliges Kreuz). Das Engel-Orakel soll eine breite Palette von Möglichkeiten abdecken und Ihnen eine möglichst tiefgründige Interpretation geben.

Die Engel bringen nur positive Energie in Ihr Leben. Mit diesen Karten werfen Sie einen klaren, positiven Blick auf Situationen oder eine persönliche Frage. Vertrauen Sie darauf, daß Ihr Höheres Selbst Sie führt und Ihnen auf die wahrste Art und Weise Zugang zu den Engeln verschafft.

Die Interpretation der Karten

Sie können die Karten auf jeder gewählten Ebene interpretieren und sich ihnen so leichtherzig oder ernst nähern, wie Sie wollen, aber in beiden Fällen sind sie ein mächtiger Schlüssel zu Ihren tiefsten emotionalen und spirituellen Prozessen.

Wenn Sie das Engel-Orakel voll ausnutzen wollen, überlegen Sie sich genau, welche Fragen Sie den Engeln stellen wollen. Bitten Sie um eine Deutung um Ihres höchsten Wohls und Ihrer größten Freude willen. Meditieren Sie einige Augenblicke mit den Karten in der Hand und behalten Sie die Frage, die Sie stellen wollen, im Gedächtnis, während Sie sie mischen und abheben. Die bestmögliche Deutung erhalten Sie, wenn Sie Ihrer Frage Gewicht und Bedeutung verleihen. Konzentrieren Sie Ihr Bewußtsein auf die Karte und fragen Sie, was dies gerade jetzt in Ihrem Leben bedeutet, dann erhalten Sie die tiefste und ausführlichste Interpretation durch das Engel-Orakel. Situationen verändern sich, wenn wir uns verändern, und je öfter Sie den Engeln die Chance geben, ihre Liebe und Heilung anzubieten, desto leichter und schneller werden Ihnen die Einsichten kommen.

Die Deutung einer einzelnen Karte

Dies ist eine Sofortdeutung, wenn Sie eine schnelle, definitive Antwort auf eine Frage zu einer Situation oder einem emotionalen Thema wollen. Mischen Sie einfach die Karten und heben Sie sie dreimal mit der linken Hand ab. Denken Sie dabei immer an Ihre Frage. Ziehen Sie eine Karte irgendwo aus dem Stoß oder nehmen Sie die oberste Karte.

Vertrauen Sie darauf, daß Sie die Karte ziehen, die Sie wirklich anspricht. Lassen Sie diese Karte die Antwort des Engels auf Ihre Frage darstellen. Denken Sie einen Augenblick lang darüber nach, wie Ihnen dieser Engel bei Ihrer Frage helfen kann. Lassen Sie die Energie in Ihr Bewußtsein dringen, und Sie werden erfahren, was die Engel Ihnen sagen.

Beispiel: Susie wollte eine einzelne Kartendeutung, um zu erfahren, ob die Entscheidung umzuziehen für sie richtig sei. Die Karte, die sie zog, war der Engel der Gelassenheit aus den Mächten im Himmel der Schöpfung. Sie interpretierte dies so, daß der Umzug eine gute Entscheidung sei und sie in ihrem neuen Zuhause heiter und gelassen leben würde.

Yin/Yang-Legemuster

Yin/Yang-Legemuster (zwei Karten)

Jedesmal, wenn Sie sich in einer ambivalenten Situation befinden oder sich mit einem mächtigen Widerspruch konfrontiert sehen, kann Ihnen dieses Legemuster weiterhelfen. Sie sollen damit die Polarität und duale Natur einer verwirrenden Situation oder Gefühlsangelegenheit durchschauen. Manchmal möchten wir über die beiden Seiten einer Situation Bescheid wissen, und dieses Legemuster hilft Ihnen, die negativen und positiven, die männlichen und weiblichen, die dunklen und die hellen Prinzipien in Ihrem Leben zu erkennen.

Mischen Sie die Karten und heben Sie dreimal mit der linken Hand ab. Denken Sie dabei immer an Ihre Frage. Bitten Sie nun um eine Yin-Karte, die die feminine/rezeptive oder negative Polarität Ihrer Situation repräsentiert. Legen Sie diese Karte links vor sich hin.

Bitten Sie nun um eine Karte, die das Gegenteil repräsentiert, also die Yang-/maskuline oder positive Polarität Ihrer Situation. Diese Karte legen Sie rechts vor sich hin.

Benötigen Sie noch einen anderen Standpunkt, so ziehen Sie eine Karte aus dem Stapel und lassen Sie sie den neutralen Aspekt Ihrer Situation verkörpern, einen, der ihre beiden entgegengesetzten Pole vereint.

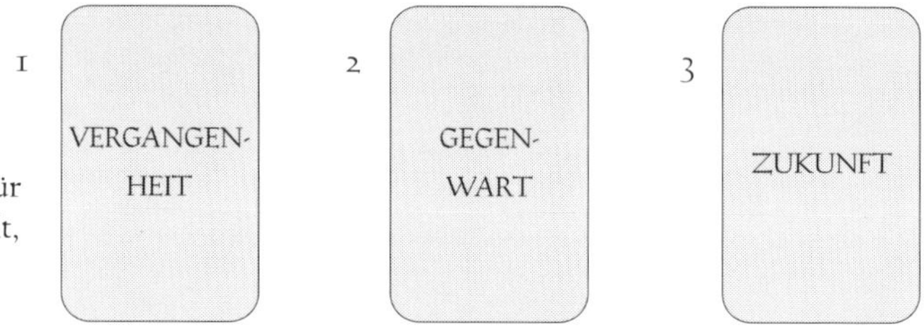

Legemuster für Vergangenheit, Gegenwart und Zukunft

Legemuster für Vergangenheit, Gegenwart und Zukunft (drei Karten)

Mischen Sie die Karten und heben Sie sie mit der linken Hand ab; denken Sie dabei immer an Ihre Frage. Ziehen Sie eine Karte für die Vergangenheit und legen Sie sie links vor sich hin. Ziehen Sie eine weitere Karte für die Gegenwart. Diese legen Sie in die Mitte zwischen die Vergangenheits- und die Zukunftskarte. Ziehen Sie eine dritte Karte für die Zukunft, die Sie rechts vor sich hinlegen. Das sollte Ihnen unabhängig von Ihrer Situation ein Gefühl für Kontinuität, Transformation und Lösung vermitteln. Vergessen Sie nicht, wenn Sie mit der Zukunft arbeiten, den Engeln zu vertrauen, daß alles zu Ihrem Besten und Ihrer größten Freude geschieht.

Beispiel: Jason befragte das Engel-Orakel nach seiner Zukunft mit seinem derzeitigen Arbeitgeber. Er legte die Karten nach dem Muster für Vergangenheit, Gegenwart und Zukunft aus und zog für die Vergangenheit den Engel des Vertrauens aus den Tugenden im Himmel der Schöpfung, den Erzengel Raphael für die Gegenwart und den Schutzengel der Reife für die Zukunft, beide aus dem Himmel der Gestaltung. Er interpretierte sie so, daß der Engel des Vertrauens all seine Hoffnungen hinsichtlich des Berufs repräsentierte. Anfangs war er sehr glücklich in seiner Arbeit und empfand großen Selbstwert, weil er vor anderen Kandidaten für diese Stelle ausgewählt worden war. Er verstand den Erzengel Raphael, der den heilenden Aspekt des Göttlichen repräsentiert, als für die Heilung zuständig, die stattfand, während er die Verantwortung für seine neue Arbeit übernahm. Er hatte sein Zuhause verlassen, ein eigenes Heim geschaffen, fünf Jahre lang erfolgreich gearbeitet und sein mangelndes Selbstvertrauen, es im Leben zu etwas zu bringen, geheilt. Er interpretierte den Schutzengel der Reife so, daß er durch seine Arbeit wachsen würde.

Die Deutung half Jason zu vertrauen, daß er auf dem richtigen Weg war und wirklich das für ihn Beste tat. Sie schenkte ihm wieder Glauben an seine Arbeit und war ein zusätzlicher Ansporn für ihn, kreativ zu sein.

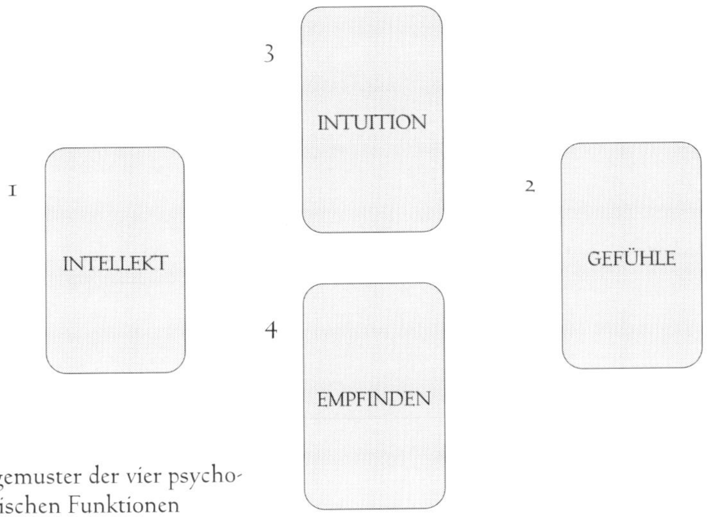

Legemuster der vier psychologischen Funktionen

Legemuster der vier psychologischen Funktionen (vier Karten)

Dieses Legemuster repräsentiert die vier Funktionen unserer Psyche: Intellekt, Gefühle, Intuition und Empfindung. Die Karten in diesem Legemuster können auch für die vier Aspekte jeder Situation stehen und Ihnen ein tieferes Gespür für die unterschiedlichen Dimensionen Ihrer eigenen Situation vermitteln.

Mischen Sie die Karten und heben Sie dreimal mit der linken Hand ab. Denken Sie dabei fest an Ihre Frage. Ziehen Sie die Karten nacheinander und legen Sie sie wie abgebildet vor sich hin. Die linke steht für Ihren Intellekt, die rechte für Ihre Gefühle, die obere für Ihre Intuition und die untere für Ihr Empfinden.

Haben Sie alle Karten ausgelegt, so betrachten Sie jede einzelne genau, damit Sie die Information erfassen, die die Engel Ihnen bezüglich dieser Funktionen übermitteln. Gibt es Seiten an Ihnen, die mehr Beachtung verdienen und denen Sie mehr Liebe und Zuwendung zukommen lassen möchten? Lassen Sie sich von den Engeln sagen, wie sie Ihnen dabei helfen können.

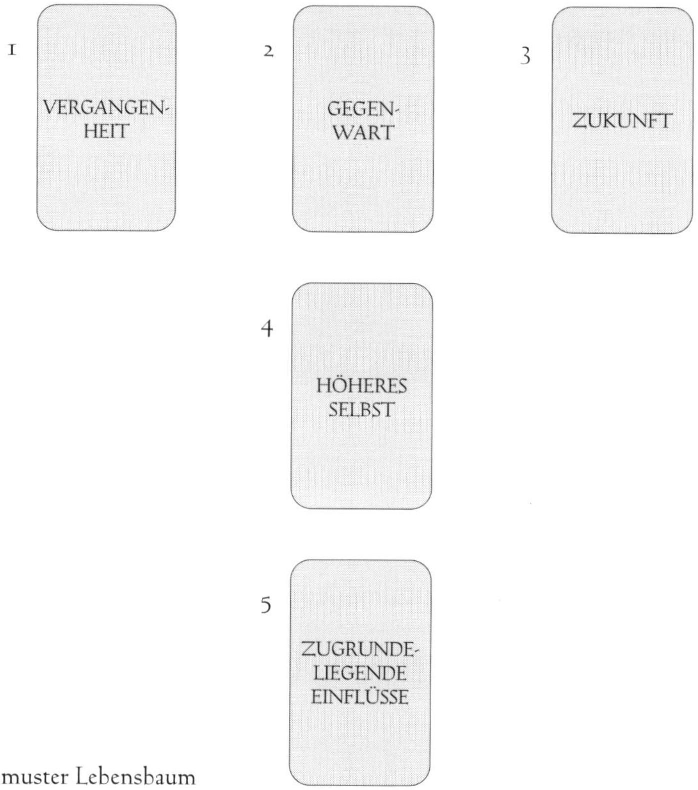

Legemuster Lebensbaum

Legemuster Lebensbaum (fünf Karten)

Dieses Legemuster berücksichtigt die Bedürfnisse Ihres Höheren Selbst sowie die zugrundeliegenden Einflüsse, die unbewußt in Ihrer Situation wirken. Das Legemuster deutet die Vergangenheit, die Gegenwart und die Zukunft, enthält aber eine zusätzliche Dimension, damit Sie die tieferliegenden wirkenden Kräfte erkennen.

Mischen Sie die Karten und heben Sie dreimal mit der linken Hand ab. Denken Sie dabei an Ihre Frage. Ziehen Sie die Karten und legen Sie sie wie abgebildet aus. Die Karte oben links verkörpert die Vergangenheit, die in der Mitte oben Ihre derzeitige Situation, die oben rechts die Zukunft. Die Karte unter der mittleren ist Ihr Höheres Selbst und der Aspekt Ihrer Psyche, der Ihre äußere Realität erschafft, indem er Situationen entstehen läßt, an denen Sie wachsen und sich als spirituelles Wesen weiterentwickeln können. Die Karte ganz unten repräsentiert die zugrundeliegenden Einflüsse, die in Ihrem Leben zum gegenwärtigen Zeitpunkt aktiv sind und in der Situation wirken, über die Sie etwas wissen wollen.

Legemuster Heiliges Kreuz

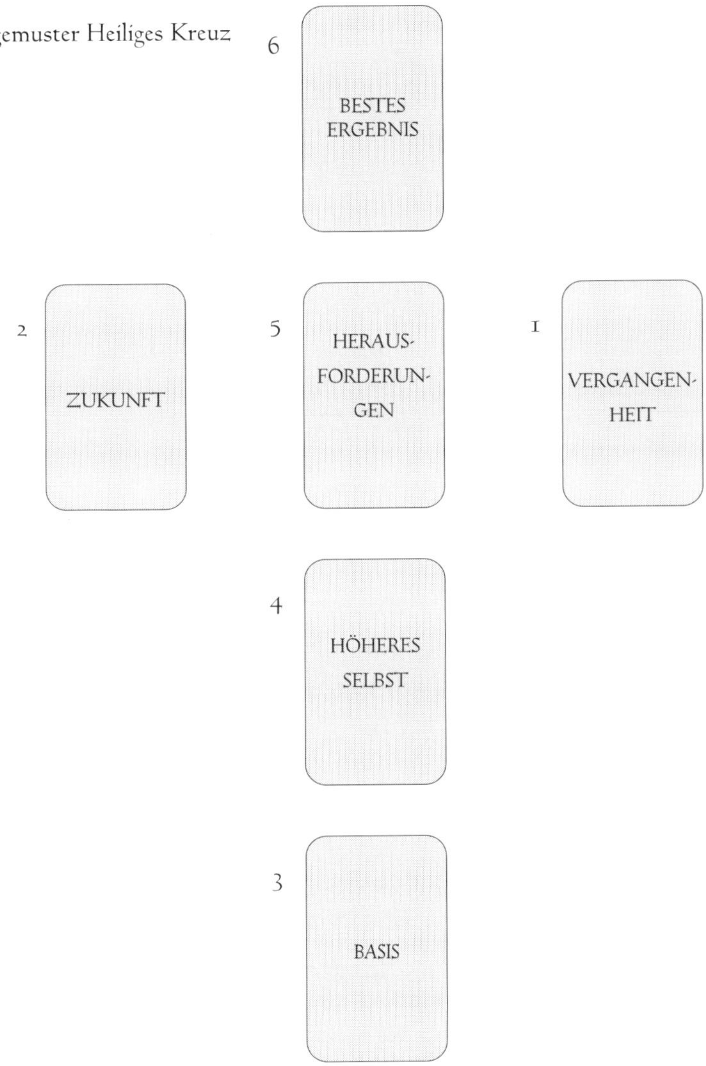

Legemuster Heiliges Kreuz (sechs Karten)

Dieses Legemuster vermittelt Ihnen einen guten Blick auf jede Situation. Mit ihm erkennen Sie besonders deutlich eine Frage aus verschiedenen Blickwinkeln. Es kann Ihnen eine sehr gute Perspektive zu jeder beliebigen Situation verschaffen, wenn Sie alle Herausforderungen sowie die bestmögliche Lösung erkennen möchten.

Mischen Sie die Karten und heben Sie dreimal mit der linken Hand ab. Denken Sie dabei an Ihre Frage. Ziehen Sie sechs Karten laut Abbildung. Die erste repräsentiert die Vergangenheit, die zweite, die linke Seite des Kreuzes, ist die Zukunft. Die dritte Karte ganz unten am Kreuz ist die Basiskarte und repräsentiert den Eckstein der Situation, über die Sie etwas wissen möchten.
Die nächste Karte, die für das Höhere Selbst und Ihre größte Freude steht, soll direkt oberhalb der vorhergehenden liegen. Die fünfte Karte, die über die vorhergehende zu liegen kommt, stellt die Herausforderungen dar, mit denen Sie sich in der Situation konfrontiert sehen. Die Engel teilen Ihnen mit, womit Sie auf Ihrem Weg zu tun haben werden. Die letzte Karte liegt über der vorhergehenden und repräsentiert das bestmögliche Ergebnis in dieser Situation.
Beispiel: Emma hatte Beziehungsprobleme. Sie bat um eine Deutung, um Einsichten in ihr Leben zu bekommen, und Hinweise darauf, ob ihre Beziehung andauern würde. Sie entschied sich für das Heilige Kreuz, mit folgendem Ergebnis: Sie zog den Erzengel Metatron auf der Stelle der Vergangenheit und den Engelsfürsten des Nordens für die Zukunft, beide aus dem Himmel der Gestaltung. Die dritte Karte zog sie aus den Tugenden im Himmel der Schöpfung, den Engel des Glaubens als Basiskarte.
Die Karte für ihr Höheres Selbst war der Engel des Friedens aus den Mächten, ebenfalls im Himmel der Schöpfung. Die fünfte Karte, die die Herausforderung darstellte, der sie sich gegenübersah, war der Engel Ewiger Liebe aus den Seraphim im Himmel des Paradieses. Und als letzte Karte, die das beste Ergebnis repräsentiert, zog sie, wiederum aus den Mächten, den Engel der Harmonie.
Sie interpretierte das so, daß Metatron ihr Bedürfnis nach Anerkennung zum Ausdruck brachte, das für sie am Anfang der Beziehung bestimmend war. Er ist der Erzengel, der unsere guten Taten repräsentiert. Emma merkte, daß sie viel tat, um ihre Beziehung mit ihrem Freund zu retten, in der Hoffnung, von ihm als guter Mensch anerkannt zu werden. Sie besaß nicht viel Selbstvertrauen.
Der Engelsfürst des Nordens auf der Stelle der Zukunft steht für die psychologische Funktion des Denkens. Sie interpretierte ihn so, daß sie in der Beziehung mehr für sich selbst denken und sich nicht von ihrem Partner abhängig machen sollte. Sie begann zu überlegen, was sie vom Leben erwartete.
Die Basiskarte, die für das Höhere Selbst steht, war der Engel des Glaubens aus den Tugenden. Ihn deutete sie so, daß sie trotz harter Zeiten in der Beziehung daran glauben mußte, daß sich ihr Leben zu ihrem Besten entfaltete.
Sie zog den Engel Ewiger Liebe aus den Seraphim, der für die Herausforderung im Leben steht: Ganz gleich, was passierte – ihr Partner war ein Bestandteil ihrer Entwicklung, und ihre Liebe würde immer Teil ihres Lebens sein.
Aus den Mächten zog sie den Engel der Harmonie als bestmögliches Ergebnis und erkannte dabei, daß sie und ihr Partner kein harmonisches Leben führten, daß sie sich aber genau das von ihrer Beziehung erwartete.
Sie erkannte, daß ihr die Deutung ein tieferes Verständnis von ihrem eigenen Entwicklungsprozeß vermittelte und ihr aufzeigte, in welcher Richtung sie auf Weiterentwicklung hoffen durfte. Sie sagte, sie fühlte sich nach der Deutung erstaunlich ruhig und habe viel von der Angst um ihre Beziehung verloren.

Das Tierkreiszeichen-Legemuster

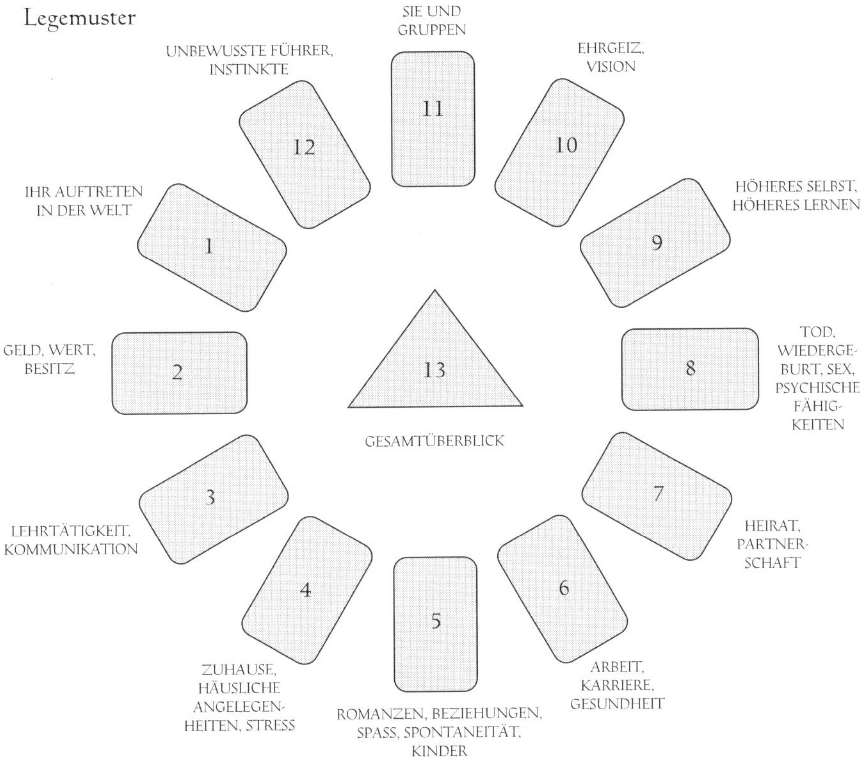

Das Tierkreiszeichen-Legemuster (dreizehn Karten)

Dieses Legemuster bedient sich der zwölf Häuser des Tierkreises. Auf diesem Hintergrund können Sie auf einen Blick Ihre gesamte Lebensentwicklung sehen, angefangen bei Geld und Beziehungen bis zu der Frage, auf welcher Stufe Ihres spirituellen Wachstums Sie gerade stehen.

Vor dem Kartenmischen könnten Sie meditieren, sich dazu bequem hinsetzen und still werden, die Augen schließen und über Ihr Leben nachdenken. Mischen Sie die Karten und heben Sie dreimal mit der linken Hand ab. Halten Sie sich Ihre Frage vor Augen, während Sie eine Karte ziehen und die Engel um die bestmögliche Deutung zum jetzigen Zeitpunkt Ihres Lebens bitten. Legen Sie die Karte in das entsprechende Haus des Tierkreises, also die erste Karte ins erste Haus, die zweite ins zweite und so weiter. Die Abbildung zeigt, was jedes Haus repräsentiert. Die dreizehnte Karte gibt einen Gesamtüberblick über Ihr derzeitiges Leben.

SCHLUSSBEMERKUNG

Ob Sie eine oder zwölf Karten benutzen, die Botschaften der Engel sind zu Ihrer Erleuchtung und auch zu Ihrem Vergnügen da. Denken Sie daran: Die Engel wünschen Ihnen nur Freude und Frieden im Leben. Sie bieten alle Möglichkeiten der Liebe an, die wir im unbedeutendsten Kampf oder Schmerz suchen. Geben Sie ihnen die Gelegenheit, Freude in Ihr Leben zu bringen. Lassen Sie die Karten als heilendes Instrument wirken, damit Sie zu höchstem Wohlergehen und größter Freude finden.

Das Engel-Orakel ist ein einzigartiges Geschenk aus dem Reich der Engel, das Ihnen Führung anbietet und Ihre Entwicklung zu dem Wesen, das Sie sind, verstärken kann. Arbeiten Sie mit den Engeln durch die Karten, um Ihr Gespür dafür zu entwickeln, was richtig und falsch für Sie ist. Öffnen Sie Ihr Herz dem Guten, das durch Sie kanalisiert werden kann. Eine junge Freundin, die zwölfjährige Terri Logan, erzählte mir, sie liebe Engel, weil sie absolut zuverlässig seien. Wie viele Menschen heutzutage ist auch sie sehr sensibel und steht in Verbindung mit spirituellen Bewußtseinssphären, die sie im Innern zutiefst anrühren.

Erleichtern Sie sich mit den Karten den Weg zur Realität der Engel. Vertrauen Sie darauf, daß sich Ihnen Ihr eigenes inneres Wesen offenbart, wenn Sie sich mit den Engelskarten vertraut machen. Der Rat und die Hilfe, die Sie aus der Arbeit mit den Karten beziehen können, hilft Ihnen dabei, unmittelbar Lebensbereiche zu transformieren, die Sie ängstlich oder unglücklich machen.

Wir suchen über unsere Intuition Informationen und können damit bewußte und förderliche Entscheidungen treffen. Die Engel stehen Ihnen im Leben immer helfend zur Seite. Das Engel-Orakel ist ein sichtbares Verbindungsglied zu dieser Welt der Unterstützung, Liebe und Führung, die darauf wartet, von Ihnen bewußt wahrgenommen zu werden.

LITERATUR

Ladislaus Boros: *Angels and Men*, London 1974

Sophy Burnham: *Engel. Erfahrungen und Reflexionen*, München 1995

Sophy Burnham: *Die Nähe der Engel. Erfahrungsberichte*, Düsseldorf/Solothurn 1993

David Connolly: *In Search of Angels*, New York 1993

Gustav Davidson: *A Dictionary of Angels*, New York 1967

Gitta Mallasz: *Die Anwort der Engel*, Zürich [4]1993

Gitta Mallasz: *Die Engel erlebt*, Zürich [4]1993

H. C. Moolenburgh: *Engel als Beschützer und Helfer des Menschen*, Freiburg [7]1995

H. C. Moolenburgh: *Engel – Helfer auf leisen Sohlen*, Freiburg [2]1994

Rudolf Steiner: *Vom Wirken der Engel und anderer hierarchischer Wesenheiten*, Stuttgart o. J.

Sid Synnestvedt: *The Essential Swedenborg*, New York 1970

Edmond Bordeaux Székely: *Das Evangelium der Essener*, Gesamtausgabe, Südergellersen [4]1994

Terry Lynn Taylor: *Die Engel waren zur Stelle*, Grafing 1994

Terry Lynn Taylor: *Lichtvolle Wege zu deinem Engel*, München 1993

DANKSAGUNG

Mein ergebenster Dank geht an die Engel, die über mich wachen und mich beim Engel-Orakel leiteten. Ich weiß, daß mir, während ich dieses Buch schrieb, viele Ereignisse und Umstände ihre überwältigende Liebe und Unterstützung bewiesen haben. Ich danke Susan Mears, meiner Agentin, für ihre Ideen zum Orakel. Das Team bei Eddison Sadd Limited zeigte für dieses Projekt Verständnis und Respekt, und die Zusammenarbeit mit ihm war wirklich eine Freude. Ich danke Ian Jackson für seine Führung und Nick Eddison für die Realisierung des Projekts. Ich möchte Elisabeth Ingels, die den Text redigiert hat, und Warren Maddill für seine wunderschönen Kunstwerke danken.

Meine Liebe und mein Dank gehen an Charlie Moritz, der das Skript gelesen und mir die ganze Zeit über geholfen hat. Dank auch an seinen Vater Ernest, der viele der schönen jüdischen Gebete fand, die im Orakel zitiert sind. Von meinen Freunden danke ich besonders Lady Mary Jardine, Dale Culliford und Patrick Gundry-White für ihre ausgezeichneten wöchentlichen Alexander-Technik-Sitzungen und dafür, daß sie mir zur richtigen Zeit die richtigen Bücher beschafften, die mir meine Nachforschungen über Engel erleichterten.

Meine Liebe geht an den Geist meiner Großmutter, die ganz sicher über mich wacht, und an meine Mutter und Schwester, die bei den Engeln weilen. Gott segne uns alle.

Bei "Angel Network" können Sie einen Katalog anfordern, in dem Sie Bücher, Poster, Dekorationsartikel, ätherische Öle, Weihrauch und Kassetten finden.
Wenn Sie an diesem Katalog interessiert sind, senden Sie bitte einen adressierten Rückumschlag und eine Postanweisung oder Zahlungsanweisung über 1,50 US-Dollar zur Deckung der Portokosten an:

Ambika Wauters
PO Box 1371
Boulder
Colorado 80306-1371
USA

Außerdem können Sie die Webseite www.ambikawauters.com besuchen.